高齢者に喜ばれる 「マジック」 レクリエーション

新装改訂版

楽しくかんたん！ 現場で役立つ ネタ&実演のコツ

マジック監修 沢しんや

社会福祉法人栄和会 常務理事・総合施設長
老人介護監修 瀬戸雅嗣

メイツ出版

contents

01 みんなが参加できる レクリエーションマジック
指先の運動に

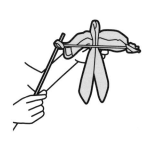

※本書は2019年発行の『高齢者に喜ばれる「マジック」レクリエーション 現場で使える手品ネタ&実演のコツ』を元に内容の確認、加筆・修正、書名・装丁を変更して新たに発行したものです。

02 会話を楽しむ コミュニケーションマジック

笑いで脳の活性化を

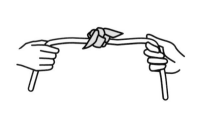

contents

03 目の前で不思議が起こる テーブルマジック

毎日の会話のきっかけに

04 見るだけで楽しめる パーティーマジック

お誕生会等のイベントに

高齢者向けマジックのコツ

　介護の現場の方にうかがうと、高齢者が参加して喜ばれるレクリエーションはダンスや体操、そして鑑賞して喜ばれるのが歌とマジックだそうです。歌の場合は「演歌」や「民謡」、「歌謡曲」「ジャズ」「シャンソン」など好き嫌いが分かれますが、マジックが嫌いという方はあまり見かけません。普通の生活の中では有り得ないことや、不思議な現象にワクワクするのだそうです。見ている方の中には、BGMに合わせて手拍子をしてくれる人もいます。若者よりもはるかに楽しみ方を知っています。ただし、これも見せ方ひとつで大きく違ってきます。そのポイントを紹介しましょう。

◇◇◇◇◇

ポイント1　実演するときは言葉かけで参加意識を促す

　積極的に見ている人たちに言葉をかけることで、高齢者の皆さんにもマジックに参加している意識が出てきます。小さなことでも積極的に呼びかけるようにしましょう。

ポイント**2** マジックを高齢者の皆さんと楽しむ気持ちで

「どうだ、すごいだろう」、「タネが分からないだろう」といった横柄な態度で演じると反感を買い、せっかくのレクリエーションが台無しになってしまいます。楽しんでもらうはずのマジックが、逆効果です。あくまでも謙虚に、一緒に楽しもうという気持ちで演じてください。

ポイント**3** 高齢者の皆さんに分かりやすいマジックを

演じるマジックも普通のマジックショーとは違い、高齢の方に見ていただくマジックは、あまり不思議すぎるものや刺激の強すぎるものは見ている方々を混乱させるだけです。もちろんマジックですから不思議な現象は起こりますが、本書では不思議さよりも、娯楽性の高いマジックを集めました。高齢者は「トランプをひいて覚えてください」といったマジックはあまり好みません。「覚える」という行為が苦手な方もいらっしゃいます。「目で見ただけで理解できる」、「はっきりとした現象が起こる」こういったマジックが喜ばれます。身振りを意識して大きめにしたり、使用する道具もタネに影響しないものは色がハッキリしていたり大きめのものがいいと思います。

ポイント**4** 目的・参加者に合わせてレクリエーションを組み立てる

どういう目的でどんな人たちが集まるのか、マジック以外にも何か出し物や演出があるかなど、レクリエーション全体の中のマジックの役割なども考えてみましょう。

本書ではそういったマジックを選びました。使う道具も、日用品や100円ショップ等で簡単に安価に手に入るものばかりです。また本書では、すべてのマジックにセリフがついていますが、これをそのまま話すのではなく、書いてあるセリフを参考にして自分らしい言葉に置き換えてください。台本通りのセリフでは、見ている方に気持ちが伝わりません。おもしろおかしく、見ている方に楽しんでもらおうという気持ちで話してください。プロのマジシャンになるわけではないので、無理に上手に見せようとする必要はありません。万が一失敗してしまっても、それで見ている方が喜んでくれれば結果オーライです。マジシャンではなくエンターテイナーになって不思議さよりも楽しさを伝えられるようになってください。

沢 しんや

この本の使い方

マジックを4つのカテ
ゴリーに分けて紹介
しています

マジックに必要な
道具が書かれてい
ます

マジックをより盛り上
げるための方法が書
かれています

マジックにかかるお
およその時間を示し
ています

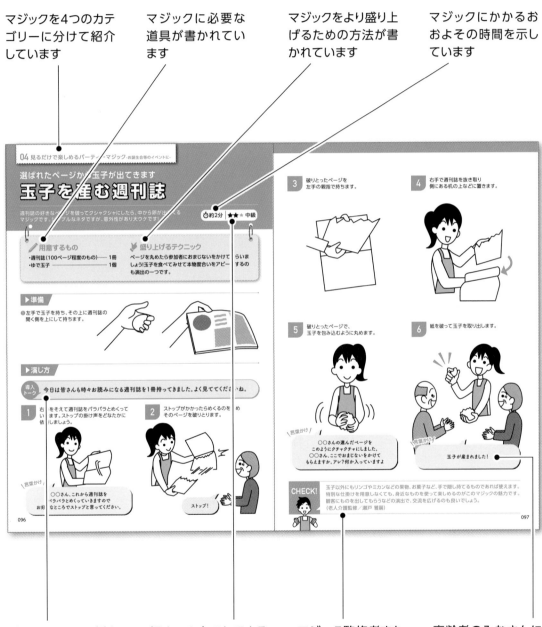

導入トークの一例を
書いていますが、こ
れを参考にしてオリ
ジナルトークを考え
てみてください

初めての方でもできる
マジックがほとんどで
すが、比較的簡単なも
のからやや難しいもの
まで難易度を示してい
ます

マジック監修者また
は老人介護監修者の
視点でのポイントが
書かれています

高齢者のみなさんに
対する言葉掛けの仕
方が書かれています

新聞紙で作った輪をふたつに分けるとアラ、不思議??

アラ、ふしぎだ輪

高齢者のみなさんが簡単に参加できるレクリエーションマジックです。
準備に少し時間がかかりますが、誰でも上手にできますよ。

⏱約5分 | ★★☆ 中級

✏ 用意するもの

- 新聞紙 ‥‥‥‥‥‥‥‥‥‥‥‥‥ 1枚
- ハサミ又はカッターナイフ
- のり

✋ 盛り上げるテクニック

参加者に新聞紙を配るときは、指先の運動にもなることを
アピールしましょう。上手にできたときは「大成功!」と喜ん
でみせましょう。

▶ 準備

❶新聞紙を横に6cm幅で切断します。

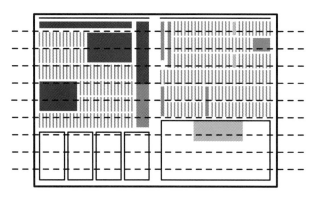

❷矢印の部分を5cm位残して点線部分を切り
ます。これを人数分作ります。

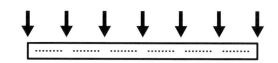

❸1枚はそのまま。

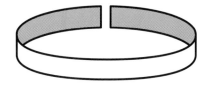

❹残った紙の半分を図のように半回転させて
星印をのり付けします。

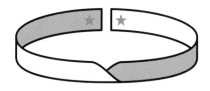

❺残り半分は1回転させて星印をのり付けします。

▶演じ方

 導入トーク　新聞紙を細かく切って皆さんにお配りする輪を作ってきました。

1　半回転又は1回転させてのり付けします。半回転だと
大きくなり、1回転だとふたつの輪が連結しています。

╲言葉かけ╱

> ここにあるのは新聞紙を細長く切ったものです。
> これをねじってのり付けします。

2

╲言葉かけ╱

> 今日は指先の運動になる手品をやりますよ！
> 皆さんには、あらかじめ作ったものが
> あるので配りますね。

3

╲言葉かけ╱

> 真ん中に切れ目がありますが
> まだ切れていない所があるので
> このように手でちぎってください。

4

大きく
なった

╲言葉かけ╱

> どうなりましたか？

5

私のは
つながっているわ！

╲言葉かけ╱

> 皆さん、大成功ですね！

CHECK!　新聞を切る幅は正確に6cmではなくてもかまいませんので
人数分作るのは大変ですが、見ている方の喜んでいる姿を想像して
頑張って作りましょう。（マジック監修／沢 しんや）

割りばしに画鋲で留めたプロペラが回ります

回転するプロペラ

事前に準備したプロペラを、ちょっとしたコツで回してみせます。
高齢者のみなさんも指先を上手に使ってプロペラを回すことができます！

約3分 | ★ ☆ ☆ 初級

🖊 用意するもの

- 12cm×2cmに切った画用紙
- 割りばし ………………………… 1膳
- 画鋲 ……………………………… 1個
- カッターナイフ

👆 盛り上げるテクニック

高齢者には懐かしい竹トンボのようなものなので興味を
ひきます。できるだけ全員が順番にできるようプロペラ
の数を用意したいものです。指先の運動になることもア
ピールしましょう。

▶ 準備

❶ 割った割り箸1本の太い端から5cm〜9cm
の間に、下図のようにカッターナイフで切り
込みをいれます。

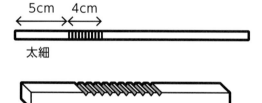

5cm 4cm

太細

❷ 12cm×2cmに切った画用紙の中央に穴を
あけ、切り込みのある割りばしの太い端に画
鋲で留めます。紙がクルクル回る
ようにしてください。

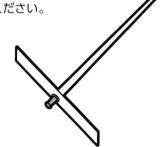

▶ プロペラの回し方

❶ 左手で工作した割りばしを持ち割りばしのガ
タガタに切った部分にもう1本の割りばしを
あてて前後にすばやく擦ります。

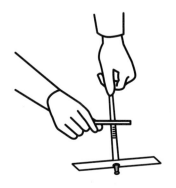

❷ 擦るだけではプロペラは回りません。割りば
しで擦る時に、図のように右手親指の爪先を
ガタガタの横にあてて一緒に擦ります。何度
か練習すると勢い良く回り始めると思います。

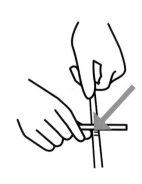

導入トーク　今日は子どもの頃を思い出して皆さんと一緒に遊びたいと思います。

1

\言葉かけ/

面白いものを持ってきましたので
一緒に遊んでみませんか。

2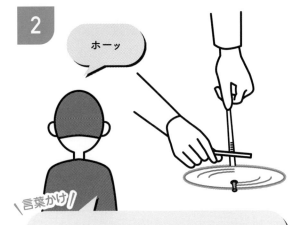

ホーッ

\言葉かけ/

このガタガタの部分を割りばしで擦ると
プロペラが回るんですよ。
まるで竹トンボのようですね。

3

アレ？
全然回らないよ

\言葉かけ/

○○さんもやってみますか。

4 回し方のコツを教えて、一緒に楽しんで
ください。

オー
回った回った！

\言葉かけ/

実はこうすると回るんですよ。
指先の運動にもなりますよ。

CHECK!
「懐かしいなあ…」と昔の楽しかった思い出に浸ると、心がホッと落ち着きます。
実は、過去を回想することによって、精神安定や認知機能の改善が期待できるといわれています。
（老人介護監修／瀬戸 雅嗣）

紙を折って切り抜くと手をつないだ女の子が!

おててつないで

新聞を切り抜くと意外な展開が…。楽しく歌を歌いながらやってみます。
切り絵風のレクリエーションマジックです。

⏱約3分 | ★★☆ 中級

✏️用意するもの

・新聞紙 ……………………………… 1枚
・ハサミ

👆盛り上げるテクニック

指先の運動にもなるので、見ている人たちの中からやってみたい人をつのり、グループでやるのも盛り上がります。

▶準備

❶新聞紙を横半分に切り、そのうち1枚を使います。

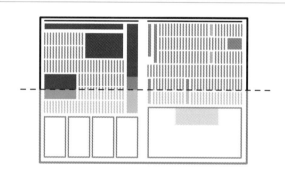

▶演じ方

導入トーク 切り絵をしようと思いますが、完成したら皆で歌を歌ってくださいね。

1 用意した新聞を左から右に折ります。

〈言葉かけ〉
ここにあるのは新聞紙を半分に切ったものです。これを半分に折ります。

2 新聞を左から右に折ります。

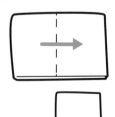

〈言葉かけ〉
さらに半分に折って…

3 もう一度新聞を左から右に折ります。

〈言葉かけ〉
もう半分に折ります。

4 斜線の部分を
切り取ります。

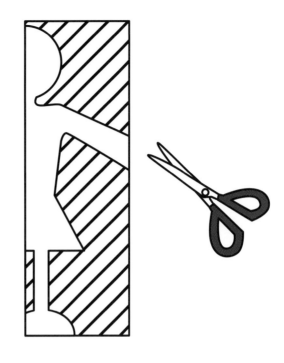

5

6 新聞紙の両端を持って広げて見せます。

CHECK!

施設で介護レクリエーションをするとき、高齢者が必ず盛り上がるネタの一つが「歌」です。
最後のところで、童謡「靴がなる」の「おてて一つないで一♪」と歌いながら広げると
演じる人も参加者も活力がわいてきます。
（老人介護監修／瀬戸 雅嗣）

紙を折って一度だけ切ると星になります

何になるかな?(1)

紙を簡単に折って一度ハサミを入れるだけで、意外にも星形になります。その意外性で見ている高齢者のみなさんを感心させるレクリエーションマジックです。

 約2分 | ★ ☆ ☆ 初級

✏️ 用意するもの

- コピー用紙 ·················· 1枚
- ハサミ

👍 盛り上げるテクニック

切り取った紙がどんな形なのかを、見ている人たちに聞き、クイズのようなノリで答えを引き出すよう呼びかけます。

▶演じ方

 導入トーク　子どもの頃の工作の時間を皆で思い出してみましょう。

1 紙を縦に左から右に半分に折ります。

| 言葉かけ |
ここに1枚の紙があります。
まず最初は半分に折って

2 対角線の角を合わせて斜めに折ります。

| 言葉かけ |
次に斜めに折ります。

3 ABCの角度が大体同じくなるように三等分に折ります。

| 言葉かけ |
さらに三つに折って…

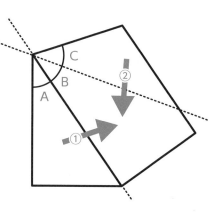

4 点線をハサミで切ります。下の部分は使わないので捨てます。

＼言葉かけ／

ここを1回だけハサミで切ります。

5

＼言葉かけ／

切り取ったこの紙はどんな形をしていると思いますか？

6 紙を広げて見せます。

＼言葉かけ／

正解は星の形をしていました。

CHECK!

見ている方が間違ったことを言っても、決して「残念でした。星でした。」とは言わないでください。
「惜しかったですね。正解は星でした。」と言うようにしましょう。
もし「星」と正解を言った場合には、「すごい！よく分かりましたね。」と、褒めてあげましょう。
（マジック監修／沢 しんや）

紙を折って切り抜くとかわいいウサギに!

何になるかな?(2)

紙を折ってハサミで3カ所切るだけで、かわいいウサギの切り抜きのでき上がり。
みんなも驚きます!

 約2分 | ★ ☆ ☆ 初級

用意するもの

- コピー用紙 ……………………… 1枚
- ハサミ

盛り上げるテクニック

高齢者のみなさんに折り方、切り方を教えながら、一緒に
やってみるのも盛り上がります。

▶演じ方

 これからやる切り絵が上手にできる人は、きっと子どもの頃工作が得意だったと思います。

1 紙を縦に右から左に半分に折ります。

＼言葉かけ／

ここに1枚の紙があります。
まず最初は半分に折って

2 半分に折って折り目をつけ、もう一度
広げます。

＼言葉かけ／

さらに半分に折ります。

3 図のように左上を折ります。

＼言葉かけ／

次はここを斜めに折って

4 図のように右下を折ります。

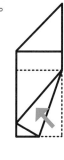

＼言葉かけ／

さらにここも斜めに折ります。

5 下から上に折ります。

┃言葉かけ┃

最後にこういう風に折って…

6 点線の3カ所をハサミで切ります。

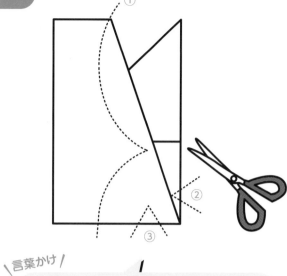
① ② ③

┃言葉かけ┃

ハサミで切ると…

7

┃言葉かけ┃

何になるかな?
みなさんはどんな形になってると思いますか?

8 紙を広げて見せます。

┃言葉かけ┃

ウサギさんになりました。

CHECK!

何になるかな?(1)と続けて演技すると効果的です。
(マジック監修／沢 しんや)

新聞紙で作ったヤシの木が天井までとどきます!

のびるヤシの木

子供の頃の工作の授業を思い出してしまうような
単純で簡単ですが派手さもあり、楽しい手品です。

⏱約4分 | ★ ☆ ☆ 初級

✏ 用意するもの

・新聞紙を横に切ったもの ……………… 3枚
・ハサミ

✌ 盛り上げるテクニック

最後はあまり急がず、ゆっくり引っ張るようにして「どんどん出てきますねー!」と驚きの声をあげて演出しましょう。

▶ 演じ方

> 導入トーク　皆さん今日は新聞読みましたか?これはどこにでもある新聞ですが…

1

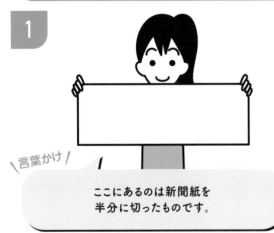

＼言葉かけ／

ここにあるのは新聞紙を半分に切ったものです。

2 中に親指が入る位の太さで、端から丸めていき、10cm位残します。

＼言葉かけ／

これをクルクルと丸めていきますね。

3 10cmの上にもう1枚の新聞紙を重ね巻きつづけ、また10cm残します。

＼言葉かけ／

もう1枚丸めます。

4 先程と同じように新聞紙を重ね、最後まで巻き続けます。

＼言葉かけ／

さらにもう1枚。

5 図のように4箇所を筒の半分位まで切ります。

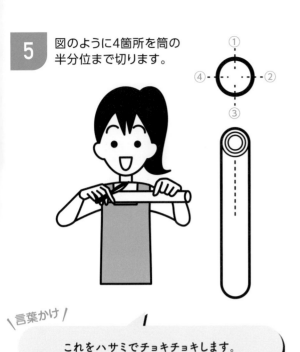

①
④ ②
③

言葉かけ

これをハサミでチョキチョキします。

6 切った部分を広げます。

言葉かけ

ヤシの木になりました。

7 一番中央の新聞紙をつまんで引っ張り出します。

言葉かけ

おまじないをかけて引っ張ると…

8

言葉かけ

こんなに大きくなりました!

CHECK!

先を持って引っ張ると、ふさふさした枝を広げながらスルスルと伸びていく不思議な「新聞紙のヤシの木」。一度伸ばしても、押し込めばある程度は戻りますので、参加者に伸ばすのを手伝ってもらうと、参加意識も高まり楽しさも広がります。
（老人介護監修／瀬戸 雅嗣）

新聞紙をチョキチョキするとハシゴになります

新聞ハシゴ

「のびるヤシの木」に続き高齢者の皆さんを盛り上げる
新聞を使ったダイナミックな手品です。

⏱ 約5分 ｜ ★★☆ 中級

🖊 用意するもの

- 新聞紙 ──────────── 3枚
- ハサミ

👆 盛り上げるテクニック

ハシゴを出すお手伝いをしてもらう方に「何が出てくると
思いますか?」などと楽しく言葉をかけましょう。

▶ 演じ方

| 導入 トーク | こんなスゴイものができるなんてー!というものをこれから作ってみますねー! |

1

\言葉かけ/
ここにあるのは皆さんが
いつも見ている新聞紙です。

2 中に親指が入る位の太さで、端から丸めて
いき、10cm位残します。

\言葉かけ/
これをクルクルと丸めていきますね。

3 10cmの上にもう1枚の新聞紙を重ね巻き
つづけ、また10cm残します。

\言葉かけ/
もう1枚丸めます。

4 先程と同じように新聞紙を重ね、最後まで
巻き続けます。

\言葉かけ/
さらにもう1枚。

5 セロハンテープを矢印の箇所に巻き
つけます。

セロハンテープで留めておきます。

6 新聞の筒をつぶして3等分の位置を
ハサミで中央まで切ります。

ここをハサミで切ります。

7 中央を切り取ります。

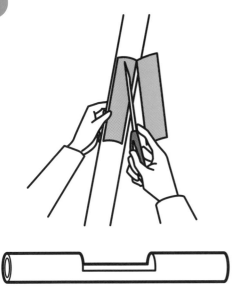

そしてここをくり抜きます。

8 2箇所を折り曲げます。

両端の筒を曲げるとこんな形になりました。
これは何だとおもいますか?

9
中央の新聞がピンと張った状態で筒の部分を持ってもらいます。

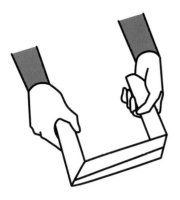

＼言葉かけ／

このままだと、何だか分かりませんよね。では、ここを持っていただけますか。

10
筒の内側に指を入れて、1番内側の紙を引っ張り出します。

＼言葉かけ／

これを伸ばすと…

11
そのまま最後まで引き出します。

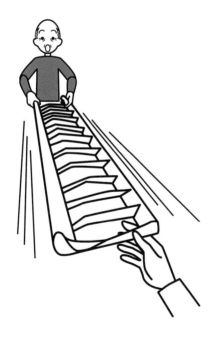

12

＼言葉かけ／

ジャーン！ハシゴになりました。

CHECK!

「のびるヤシの木」に続けて演じると効果的です。
（マジック監修／沢 しんや）

紅白のロープを使ったコメディータッチのマジックです

飛行する赤いロープ

絶対真ん中に来るはずのない赤いロープが見ている前で移動し真ん中へ。
落ちついて見ていられる楽しいマジックです。

⏱ 約6分 | ★★★ 中級

 用意するもの

太目の手芸用ロープ（スピンドル紐）
100円ショップで手に入ります。
- 80cmの白色 …………………………… 2本
- 80cmの赤色 …………………………… 1本

盛り上げるテクニック

高齢者の皆さんに分かりやすいよう、ゆっくりと言葉を
かけながらマジックを進行させます。最後は「赤を真ん
中にしてみせましょうか?」など状況を見ながらのトーク
も大切です。

▶ 演じ方

 導入トーク｜紅白というと何かと目出たいイメージがありますが、ここに紅白ロープを持参しました。

| **1** | 3本のロープを見せたら
テーブルに置きます。 |

言葉かけ

ここに白いロープが
2本と赤いロープが
1本あります。

| **2** | テーブルから1本の
白いロープを取り上
げ、結んで輪をつくり
ます。つくった輪は、
左手にとおして、かけ
ておきます。 |

言葉かけ

端と端を結んで
輪をつくります。

| **3** | もう1本の白いロープを
取り上げ輪をつくります。 |

言葉かけ

もう1本の白いロープも
輪をつくりますね。

| **4** | 左手を下げて、左手にかかっている輪をす
べり落とします。 |

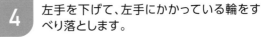

言葉かけ

この輪に、先程の輪を通します。

5 手に持っているロープを二つ折りにして
赤いロープを通します。

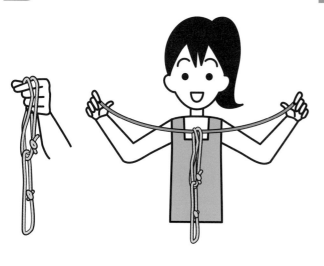

そして、ここに赤いロープを通します。

6 赤いロープを結んで輪にします。

赤いロープも結んで輪にします。

7 右手で赤いロープを持って見せます。

今、赤いロープは1番上にありますね。

8 左手で白いロープの端をつかみ、右手に
わたします。そのまま右手を体の後ろに
まわします。

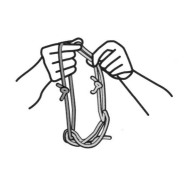

このロープが体の後ろを
通るとどうなるかというと。

9 体の後ろで、左手で白いロープをつかんで前に出してきます。

\言葉かけ/

じゃーん！赤いロープが1番下になりました。

10 これを2回繰り返し、赤いロープが下にある状態で終わります。

\言葉かけ/

怪しかったですか？
では、もう1回やってみましょう。

11 中央の白いロープをつかんで（どの位置をつかんでも大丈夫です）思い切り下に引っ張ります。こうすると赤いロープと入れ替わります。

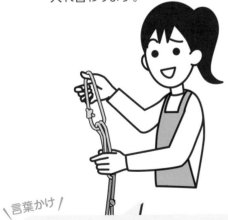

\言葉かけ/

全然不思議ではなかったですか？
では最後に！

12

\言葉かけ/

今度は不思議ですよね。

CHECK!

多くの場合、見ている方から「赤を真ん中にして！」と言われますので
「それではリクエストにお答えして」という流れで、赤を中央にしてください。
（マジック監修／沢 しんや）

紙コップで作ったニワトリが鳴いたり玉子を産んだりします

コケコッコー

ちょっとコミカルな楽しいマジックです。ニワトリの顔を描いた紙コップが
鳴いたと思ったら玉子も産んで見せてくれます。

約5分 | ★★☆ 中級

✏️ 用意するもの

- 白い紙コップ ……………………… 10個
- 赤い紙6cm×3.5cm
- 油性ペン(黒)
- 細い紐(リリアン糸、タコ糸など)60cm
- 玉子 ……………………………………… 1個

👍 盛り上げるテクニック

高齢者の皆さんとの言葉のキャッチボールが重要です。
「言葉かけ」を参考に自分流にアレンジして楽しいトーク
にしましょう。

▶ 準備

❶ 紙コップの底に小さな穴を
あけ紐を通します。紐が抜
けないように、紐の両端に
大きな結び玉を作ります。

❷ 紐を紙コップの内側から
引っ張り出して、コップの中
に入れておきます。回るよ
うにしてください。

❸ コップの中に玉子を入れて
おきます。回るようにしてく
ださい。

❹ 残った9個の紙コップは底
をくり抜きます。

❺ 玉子の入った紙コップの上
に穴のあいた紙コップを取
りやすいように緩めに重ね
ます。

❻ 赤い紙を下図のように切り抜
きます。

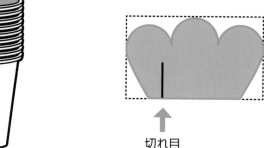

↑
切れ目

導入トーク 　何か面白いマジックができないかと思って紙コップをたくさん持ってきました。

1 1番下の玉子の入った紙コップを抜き取ります。下から抜くことで中がカラに見えます。

＼言葉かけ／

ここに紙コップがいっぱいありますが、今使うのは1個だけです。

2 油性ペンで図のような絵を描きます。

＼言葉かけ／

これにチョットだけ絵を描きますね。

3

？？？　　？？？

＼言葉かけ／

これがなんだか分かりますか?

4 赤い紙の切れ目を紙コップに差し込みます。

＼言葉かけ／

では、これを着けると?

5

ニワトリかな

言葉かけ

そうです。ニワトリですね。

6

コケコッコー

言葉かけ

では、ニワトリは何て鳴くでしょうか?

7 紙コップの下の結び玉をつまんで紐を引っ張り出します。

言葉かけ

それでは、鳴かせてみましょう。

8 紐の上部を人差し指の腹と親指の爪ではさんで、手を下に動かしていくと音が鳴ります。ゆっくり動かすと低い音早く動かすと高い音が出ます。コケコッコーと鳴らすためには、ゆっくり、早く、ゆっくり、ゆっくりです。

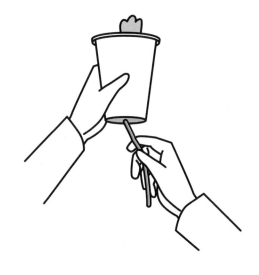

9 2、3度音を鳴らしてみせます。

\ 言葉かけ /

聞こえましたか。
もう1回鳴かせてみましょう。

10

そうだった。

\ 言葉かけ /

コケコッコーと鳴くのは
雄鶏だけなんですよ。

11 紙コップを傾けて玉子を取り出します。

\ 言葉かけ /

雌鳥はそのかわり…

12

\ 言葉かけ /

玉子を生みました！

CHECK!

"コケコッコー"と鳴らすにはコツがありますので練習してください。
施設でも人気のマジックで、参加者はみんな楽しそうに笑っていて、健康にも良さそうです。
参加者同士の交流が広がるきっかけにもなり、認知症予防にもつながります。
（老人介護監修／瀬戸 雅嗣）

見えない糸でお札が前後に動きます

見えない糸が見えますか？

見えない糸をお札に貼り付け、お札を前後に動かせて見せます。
見ている人にも見えない糸を持ってもらい引っ張ってもらいましょう。

⏱ 約3分 | ★ ☆ ☆ 初級

✏ 用意するもの

- チャック付きビニール袋
  （幅が10cm以上あるもの） ………………… 1枚
- ハサミ
- 貼ってもはがせるタイプの弱粘性両面テープ
- 紙幣 ……………………………………………… 2枚

✌ 盛り上げるテクニック

見えない糸を引っ張ってもらう時に、上手に引っ張る手と動きを合わせます。時には引っ張られすぎたケースを演出に加えられるとさらに盛り上がります。

▶ 準備

❶ チャック付きビニール袋のチャックの部分が中心になるように両面テープを貼ります。（表、裏両方）

❷ 両面テープを貼った場所以外のビニールを切り取ります。

❸ チャックの片側だけを切り取り長さを10cmにします。切っていない方が上になります。

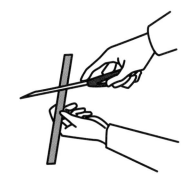

❹ 剥離紙をはがして1枚の紙幣の裏側に貼り付けます。貼り付けたら、もう片面の剥離紙もはがします。

❺ 仕掛けの付いた紙幣の表面にもう1枚の紙幣を重ね、2枚の紙幣が貼りつかないようにして持ちます。

▶演じ方

導入トーク 皆さんもお金持ちだと思いますが、今日は私がお金を持ってきました。

1 左手で2枚の紙幣を持ち、右手はいかにも見えない糸を持っているふりをします。

言葉かけ

皆さんは見えない糸を
見たことがありますか?
見えないから見たことがないですよね。

2 見えない糸をテーブルに置いたふりをします。

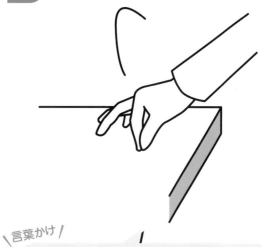

言葉かけ

これは無くさないようにこちらに
置いておきます。

3 2枚の前後を入れ替えて、紙幣を貼り付けます。

言葉かけ

ここに2枚のお札がありますので、
これをきちんとそろえて…

4 テーブルから見えない糸を取り上げて紙幣の上部に貼り付けたふりをします。

言葉かけ

見えない糸を貼り付けます。

5 右手で見えない糸を引っ張ったふりをします。それに合わせて、左手親指で手前側の紙幣を押し下げると紙幣が手前に曲がります。

見えない糸をひっぱると…

6 右手をパッとひらいて、糸を離したふりをします。それに合わせて、左手親指で手前側の紙幣を押し上げると紙幣が元にもどります。これを2、3度繰り返します。

言葉かけ

糸を離すと…

7 右手で見えない糸を向こう側に引っ張ったふりをします。それに合わせて、左手親指で手前側の紙幣を押し上げると紙幣が向こう側に曲がります。

言葉かけ

反対側に引っ張っても…

8 元にもどします。

言葉かけ

離すと…

9 引っ張った動きにあわせて、紙幣を曲げます。

それでは○○さん。
糸を引っ張ってみてください。

10 元にもどします。

はい、離してください。

11 2、3人の方に引っ張ってもらいます。

××さんもやってみますか？

12 紙幣から糸を外すふりをして、糸と紙幣をポケットにしまいます。

見えない糸は無くさないように
しまっておきますね。

CHECK!

まるで念動力が働いているかのごとく、見えない糸でお札が前後に動く様子は、見ているだけで絶大なインパクトがあります。
見て楽しめる、そして、参加もできる高齢者レクに最適なマジックです。
（老人介護監修／瀬戸 雅嗣）

封筒の中の紙に書かれた名前を透視します

封筒の透視

5人の方たちに自分の名前を紙に書き、封筒に入れてもらいます。
見えないはずの名前を封筒を透視して当てます。

⏱ 約5分 ｜ ★★☆ 中級

✏ 用意するもの

- 洋封筒 ……………………………… 5枚
- 封筒に入るサイズの紙 ……………… 5枚
- ペン又はエンピツ

👆 盛り上げるテクニック

封筒につける印がバレないよう、なるべく目立たない点にしましょう。5人の参加者がいるのでライブ感があり盛り上がります。

▶ 準備

| 1番の封筒 | 2番の封筒 | 3番の封筒 | 4番の封筒 | 5番の封筒 |

左上に印がある封筒が1番の封筒、右上に印がある封筒が2番の封筒
左下に印がある封筒が3番の封筒、右下に印がある封筒が4番の封筒
なにも印が無い封筒が5番の封筒と覚えておきます。印は自分にだけ分かるくらいの小さな点にします。
この封筒を1番から5番まで順番に重ねておきます。

▶ 演じ方

導入トーク 皆さんも透視って聞いたことありますか?透けて見えちゃう能力なんです。

1

＼ 言葉かけ ／

これからこの紙と
封筒を使って
私の超能力を
お見せしますね。

2 見ている人の中から5人の方を選んで紙とペンを配ります。この時左から順にAさんBさんCさんDさんEさんとします。

＼ 言葉かけ ／

これから紙とペンをお渡ししますので
ご自分の名前を書いてください。
それでは
AさんBさんCさんDさんEさん
お願いします。

3 封筒を左の人から順番に配ります。これで1番の封筒にはAさんの紙が2番の封筒にはBさんの紙がと分かります。

\言葉かけ /

名前を書いたら、
この封筒に入れてください。

4

怪しいところは
なさそうだ。

\言葉かけ /

紙を中に入れたら、よーく調べてください。どこからも透けて見えるということは無いですね。納得していただけたら回収します。

5 どなたかに封筒を渡し切り混ぜてもらいます。混ぜ終わったら封筒を受け取りテーブルに置きます。

\言葉かけ /

それではどの封筒が誰の封筒か分からなくなるように切り混ぜていただきます。

6 テーブルから1枚の封筒を取り上げすかさず印の位置を確認します。もし3番の封筒ならCさんと分かります。名前を告げたら封筒を開けて確認します。このようにして5枚の封筒をすべて当てていきます。

\言葉かけ /

それでは透視したいと思います。ウーンこの封筒の中からCさんの名前が見えてきました。封筒を開けてみましょう。どうですか、間違いなくCさんの名前が書いてありました。

CHECK! マジックは、相手をびっくりさせるのはもちろん、喜ばせたり、楽しんでもらったりすることが目的です。印の位置を確認したらすぐに目をつぶり、いかにも透視している雰囲気を出すなど、参加者の脳の刺激としてもいいかもしれません。
（老人介護監修／瀬戸 雅嗣）

新聞で作った帽子が色々な帽子に変わり最後は洋服になってしまいます

次々変わる新聞帽子

布を使って同じようなことをする芸人がいましたが、新聞で作った帽子が
いろいろな帽子に変化して、最後に洋服になります。

⏱約4分 ｜ ★★☆ 中級

用意するもの

- 新聞紙 ……………………………… 1枚
- 油性ペン
- のり
- ハサミ

盛り上げるテクニック

音楽なども使ってリズミカルにやると、より楽しいマジックになります。手際の良さが大事なので事前に練習をしておきましょう。

▶準備

① 新聞紙を半分に折り、油性ペンで下図のようにラインを書きます。これが後で洋服の模様になります。

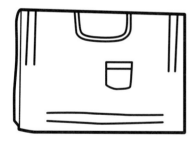

② 左上を中心まで折ります。

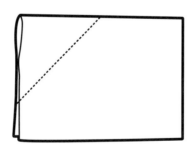

③ 右上を中心まで折ります。

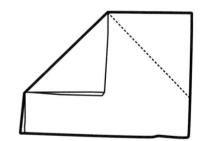

④ 下に残った部分を半分に折ります。

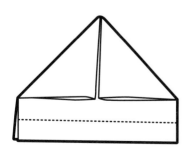

⑤ 更に三角の下のラインから折ります。

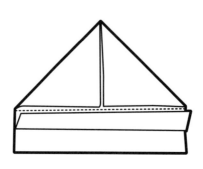

⑥ 裏側にひっくり返します。

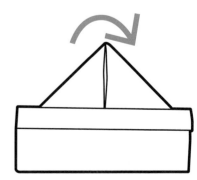

⑦反対側と同じように折ります。

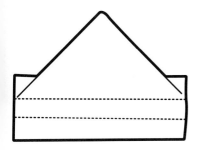

⑧下から中に手を入れて上下に広げ、点線を山折りにします。

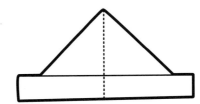

⑨長方形の重なった部分をのり付けします。

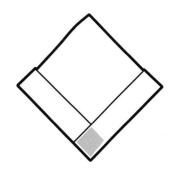

⑩下から上に半分に折ります。ひっくり返して裏側も同じく折ります。

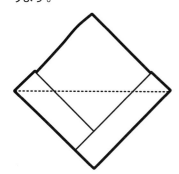

⑪先程と同じように、下から中に手を入れて上下に広げて正方形にします。

⑫中央を広げながら点線を谷折りにして図のような形にします。

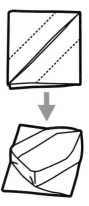

▶演じ方

導入トーク　皆さんがご存知だった芸人のマネを新聞を使ってやってみますね。

1

言葉かけ

新聞紙でこんなものを作ってみました。何だか分かりますか?

2

言葉かけ

これをかぶると、博士の帽子です。

3 ⑪の状態まで戻して横向きにかぶります。

＼ 言葉かけ ／

これをこうすると、海賊の帽子になりました。

4

＼ 言葉かけ ／

これを縦にかぶると
ナポレオンの帽子です。

5 横に引っ張って伸ばします。

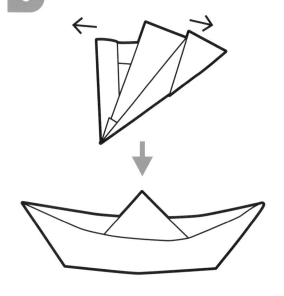

＼ 言葉かけ ／

今度はこうすると…

6

＼ 言葉かけ ／

メキシコの人がかぶる帽子です。
ソンブレロって言うんですよ。

7 帽子を平らにして半分に折ります。

\ 言葉かけ /

これを半分に折って…

8 点線をハサミで切ります。

\ 言葉かけ /

ハサミで切ります。

9 たたんだ新聞紙を広げていきます。

\ 言葉かけ /

そしてこれを広げると…

10

\ 言葉かけ /

洋服になりました！

CHECK!

ラインを書くページは写真や広告の少ない株式欄が適しています。
途中で、見ている方にも帽子をかぶってもらい、コミュニケーションを取りましょう。
（マジック監修／沢 しんや）

ふたつのゼムクリップがつながってしまいます
つながるクリップ

お札にバラバラにつけた2つのゼムクリップが引っ張ってみたらなぜか
つながってしまう奇妙なマジックです。

⏱約2分 | ★★☆ 中級

🖊用意するもの

- 大き目のゼムクリップ 2個
- リボン
- 紙幣

👆盛り上げるテクニック

クリップがつながった瞬間、みんな驚きます。早すぎて見
えないこともあるので、できれば繰り返しやってみせま
しょう。

▶準備

❶ゼムクリップにリボンを結び付けます。

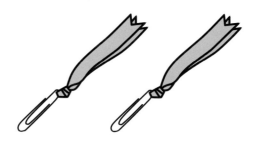

▶演じ方

導入トーク このマジックはよく見ていないと分からなくなるので、じっくり見てください。

1

\言葉かけ/
お札が1枚とリボンの付いた
クリップが2個あります。

2 お札を左から
右に折ります。

\言葉かけ/
お札を半分に折って、
このように曲げます。

3 もう一度お札を
左から右に折ります。

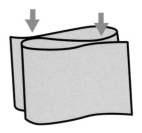

\言葉かけ/
○○さん、こことここを
クリップでとめてください。

4 ふたつのクリップがとまった状態

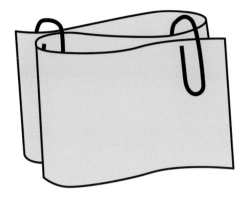

5

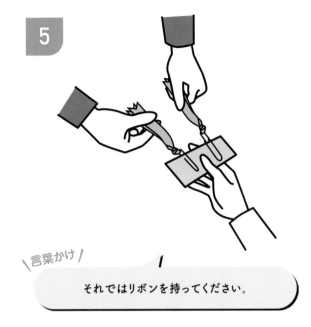

〵言葉かけ〳

それではリボンを持ってください。

6 紙幣の両端を持って左右に勢いよく
引っ張ります。

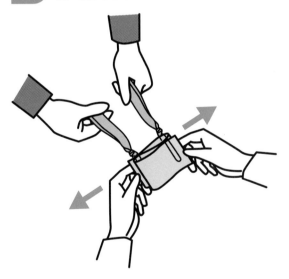

〵言葉かけ〳

それではいきますよ。エイ!

7

〵言葉かけ〳

つながってしまいました!

CHECK!

見ている方が二人いるときは、リボンを二人に持ってもらいましょう。
(マジック監修／沢 しんや)

ミカンとお皿を使ったお笑い芸

ミカンの曲芸??

コミカルなマジックです。指や割りばしを使って、ミカンが皿の上にのったように
見せます。タネあかしもして最後は笑いをとります。

 ⏱約3分 | ★☆☆ 初級

✏ 用意するもの

- ミカン1個 ‥‥‥‥‥‥‥‥‥‥‥‥ 1個
- お皿 ‥‥‥‥‥‥‥‥‥‥‥‥‥‥ 2枚
  直径18cm位のものと直径25cm位のもの
- 割りばし1本 ‥‥‥‥‥‥‥‥‥‥ 1本

✋ 盛り上げるテクニック

タネあかしもするコメディー風マジックですから、明るく
楽しくを心がけましょう。

▶ 演じ方

導入トーク　今日はかなりハイレベルなマジックをお見せしますよ。

1

＼言葉かけ／

今日はミカンとお皿を使った
曲芸をお見せします。

2 小さいお皿の横を左手で持ちミカンを
のせます。お皿の後ろでは親指をのばし
てミカンをささえます。

＼言葉かけ／

このお皿の上にミカンを…

3 恐る恐るという
雰囲気で右手を
離してみせます。

＼言葉かけ／

はい！
みごとにのりました。

4 後ろ側を見せて
種明かしします。

＼言葉かけ／

でも本当は…

5 お皿の後ろに割りばしを隠して下図のように持ちます。

言葉かけ

今のは冗談です。今度は指のとどかない大きなお皿を使います。

6 親指で割りばしを押し上げ、ミカンに突き刺します。

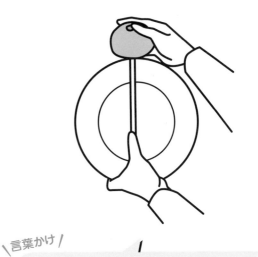

言葉かけ

うまくいくでしょうか。

7

言葉かけ

はい！大成功！

8 割りばしの刺さったミカンを見せます。

言葉かけ

すみません。また、インチキでした。

CHECK!
マジックというよりもお笑い芸ですので、場の雰囲気を和ませることができます。
ちょっと大げさに演技した方が盛り上がります。
高齢者レクでのマジックは、時折、わざと失敗してみせて笑いを取るなど、
軽妙な話術でお年寄りの心をグッとつかむことも重要です。（老人介護監修／瀬戸 雅嗣）

歌に合わせてハンカチが踊ります

踊るハンカチ

ハンカチで作った人形がコミカルな動作を見せてくれます。
歌に合わせて楽しい人形のダンスで盛り上げましょう。

⏱約3分 | ★★☆ 中級

✏️ 用意するもの

- ハンカチ ……………………… 2枚
- お箸 …………………………… 1膳

👋 盛り上げるテクニック

人形のダンスは事前に練習しましょう。自分で歌いながら
人形のダンスを見せるレパートリーも考えておきましょう。

▶ ハンカチ人形の作り方

❶ ハンカチを三角に折ってクル
クル丸めていきます。これを
2枚作ります。

❷ 1枚目のハンカチの端をお箸
の両端に結び付けます。

❸ 片方の結び目の中にもう1本
のお箸を差し込みます。

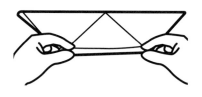
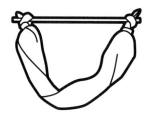
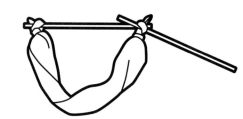

❹ もう1枚目のハンカチは半分
に折ります。

❺ この上にお箸の付いたハン
カチを重ね、矢印の部分を下
のハンカチと一緒に左手で
持ちます。

❻ 差し込んだお箸を右手で持
ちます。差し込んだお箸を、
上下左右に動かすと人形が
踊っているように見えます。

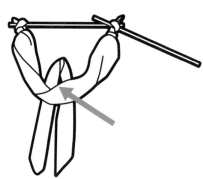
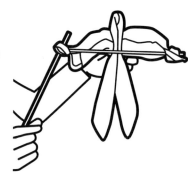

▶演じ方

導入トーク **カワイらしく楽しいマジックを今日は用意してきました。**

1 歌ってあげよう。

言葉かけ

○○さん、歌がお上手でしたね。
私の分身が踊りますので
ぜひ1曲歌っていただけませんか。

2 ハンカチとお箸を取り出し、目の前でハンカチ人形を作ります。

？？？

言葉かけ

少し待ってくださいね。
今、準備をしますので。

3 出来上がったハンカチ人形を見せます。

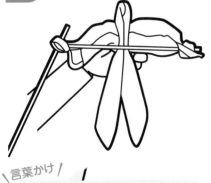

言葉かけ

私の分身、
ハンカ、チーフちゃんです。
それでは○○さん、
1曲お願いします。

4 歌に合わせてハンカチ人形を躍らせます。

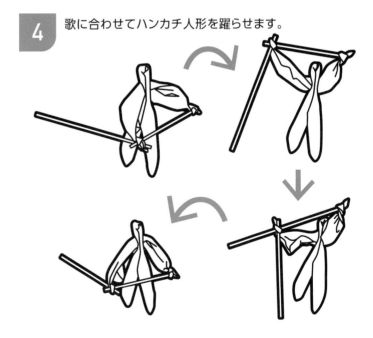

CHECK!

ハンカチは糊のきいていない、柔らかいものを使いましょう。
慣れてくると、左手の小指で足も動かせるようになります。
（マジック監修／沢 しんや）

グラスのお湯がいつの間にか紅茶に変身

紅茶はいかが?

グラスに入れたお湯が、画用紙の筒の中でいつの間にか紅茶に変わります。
できた紅茶を飲んでもらうのもいいですね。

⏱約3分 | ★★☆ 中級

用意するもの

- A4サイズの画用紙
- ティーバッグ
- セロハンテープ
- 耐熱性透明グラス

盛り上げるテクニック

5～9はトーク次第で盛り上がり方が違います。「言葉かけ」を参考に面白おかしく紅茶に誘導してください。

▶ 準備

❶ グラスに8分目位までお湯を入れていきます。

❷ ティーバッグが端から5cm、下から7cmの位置にくるようにセロハンテープでしっかりと固定します。

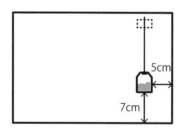

5cm
7cm

❸ ティーバッグを下図のように右手で隠し持ちます。

▶ 演じ方

導入
トーク ちょっと変わったお飲み物の入れ方をお見せしますね。

1 グラスはテーブルに置きます。

 言葉かけ

何かお飲み物を差し上げようと思って、
画用紙を1枚とお湯の入った
コップを持ってきました。

2 グラスに被せられる位の太さに丸めて
セロハンテープで固定します。この時、
ティーバッグが見えないように気をつけて
ください。

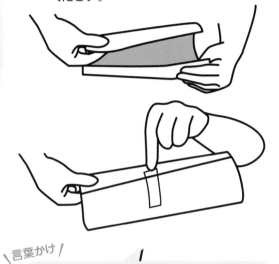

言葉かけ

この画用紙をクルクルと丸めて
筒を作りますね。

3 ティーバッグを隠したまま筒の中を見
せます。

言葉かけ

もちろん中には
何もありませんね。

4 筒をグラスにかぶせ、右手を離してティー
バッグをグラスの中に入れます。

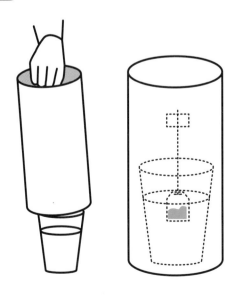

言葉かけ

この筒をコップにかぶせます。

5 紅茶の色が出るまで、約1分間見ている
方と会話をします。

何が
いいかな？

言葉かけ

それでは、このお湯をお好きな
飲み物に変えてみたいと思います。
何がいいですか？

6

コーヒー

言葉かけ

コーヒーは、私が飲んでしまったので
他のものにしませんか。

7

お茶

言葉かけ

お茶はいつも飲んでいるので
他にはないですか。

8 1分間、おもしろおかしく言い訳をしましょう。

アハハ

言葉かけ

それでは要望が1番多かった
紅茶にしましょう。

9 筒を持ち上げて紅茶になったことを見せます。

言葉かけ

ジャーン。紅茶になりました！

CHECK!

マジックの最中は、不平等感を与えないように、参加者一人ひとりに対して平等に
声を掛けることが大切です。スタッフの声掛けは、参加者の孤立を防ぐことにも役立ちます。
（老人介護監修／瀬戸 雅嗣）

何も入っていなかった額縁に絵が現れます

不思議な額縁

何も入っていない額縁を開けてガラスや板・台紙を外して入れ直すと、
なかったはずの絵が出てきます。

⏱約4分 | ★☆☆ 初級

✏️ 用意するもの

- 小さめの額縁
  （裏板が固定式ではなく、簡単に付け外しが出来るもの）
- 額縁にピッタリ入るサイズの黒い紙
- 絵又は写真

🖐 盛り上げるテクニック

極力タイムリーな絵か写真を用意しておくと
盛り上がり方も違います。仕掛けも簡単なの
で落ちついて進行させましょう。

▶準備

❶黒い紙に絵を貼り付けます。

❷黒い紙を絵が見えないように額縁に入れておきます。

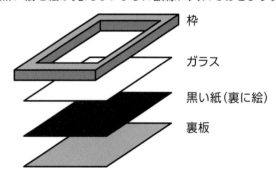

枠

ガラス

黒い紙（裏に絵）

裏板

▶演じ方

導入トーク たまには写真か絵を飾ってみたくなることありますよね。

1

言葉かけ

昨日
買ったばかりの
まだ何も入って
いない額縁です。

2 額縁を裏向きにして止め具を外します。

言葉かけ

ちょっと
中を開けて
見てみましょう。

3 全体をひっくり返して表向きにします。

4 枠を持ち上げ、ひっくり返して横に置きます。

言葉かけ

これは枠ですね。

5 ガラスを持ち上げて枠に入れます。

言葉かけ

これはガラスです。

6 黒い紙を持ち上げて枠に入れます。この時、裏の絵が見えないように気を付けてください。

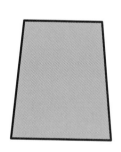

この裏に絵

言葉かけ

そしてこれが台紙ですね。

7 裏板を枠に入れます。

\言葉かけ/

最後が裏板です。

8 止め具を閉めます。

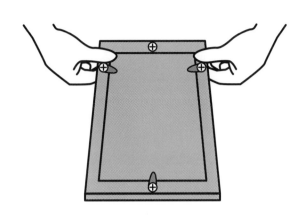

9

\言葉かけ/

何も入っていませんよね。
でも、おまじないをかけると

10 額縁を表向きにして見せます。

\言葉かけ/

絵が現れました！！

CHECK!

見ている方に楽しんでもらうためには、演出も重要です。最初に額縁を実際に触ってもらうと、
参加意識が高まるのでおすすめです。また、「この額縁に不思議なことが起こりますよ」などと
想像力がふくらむ声掛けをしましょう。
（老人介護監修／瀬戸 雅嗣）

5円玉がゴムひもを登ります
引力に逆らう5円玉

輪ゴムを切って作ったゴムひもに5円玉の穴を通します。
なぜか5円玉がそのゴムひもを登り始めます。

 約2分 | ★ ☆ ☆ 初級

✏ 用意するもの

- 輪ゴム ……………………………… 1本
  （切断して1本の長いゴムひもにします。）
- 5円玉 ……………………………… 1個

✋ 盛り上げるテクニック

非常に簡単な手品ですが、事前に練習しておきましょう。
道具も輪ゴムと5円玉なのでいつ、どこでもできます。

▶ 演じ方

導入トーク 今日は簡単だけど不思議なマジックをお見せしたいと思います。

1 ゴムひもと5円玉を調べてもらいます。

言葉かけ

> ここにあるのは、輪ゴムを切ったものと5円玉です。よーく調べてください。

2 5円玉の穴にゴムひもを通します。

言葉かけ

> 5円玉の穴にゴムひもを通しますね。

3 左手でゴムひもの先端を、右手で真ん中を親指と人差し指でつまんで持ちます。

4 右手の余ったゴムは握って隠します。

5 ゴムひもをピンと張り、左右の手を上下に動かし、5円玉を滑らせ移動させて見せます。

言葉かけ

もちろん5円玉は上から下に動きますよね。

6 ゴムひもがピンと張った状態で、左手側が上になるように傾斜をつけて持ます。右手の親指と人差し指の力をゆるめると、ゴムひもが縮んで少しずつ左手側に引っ張られていきます。これにつられて5円玉が上に登っていくように見えます。

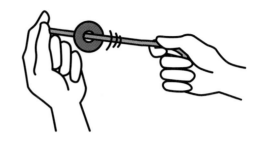

言葉かけ

でも、よーく見ていてくださいね…

7 右手側のゴムひもが端まで来たところで終わります。

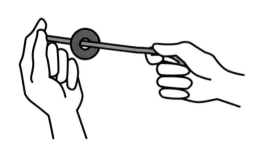

言葉かけ

5円玉がゴムひもを登ってきましたね！

8 慣れてきたら、ゴムひもの左端を相手に持ってもらうこともできます。

言葉かけ

もう一度やってみましょう。
今度はこちら側の端を持ってください。

CHECK!

あまりゴムひもの傾斜をきつくすると登らないので、練習で適度な角度を覚えてください。
何度も演技していると輪ゴムのすべりが悪くなるので毎回新しい輪ゴムを使ってください。
（マジック監修／沢 しんや）

お札にエンピツを突き刺しても穴があいていません

不死身のお札

白い紙とおもちゃのお札にエンピツで穴をあけたつもりが、
なぜかお札の方には穴があいておらず、意外性があり盛り上がります。

⏱約3分 ｜ ★★☆ 中級

✏️ 用意するもの

- おもちゃの紙幣 ……………………… 1枚
- 紙幣と同じ大きさに切ったコピー用紙 …… 1枚
- エンピツ …………………………………… 1本
- カッターナイフ

☝️ 盛り上げるテクニック

おもちゃのお札の切れ目を上手に指でかくします。
エンピツを突き刺す瞬間を皆さんにアピールして
見せます。

▶️準備

❶ カッターナイフで、顔の輪郭にあわせて
長さ2cm位切れ目をいれます。見た目に
は、切れ目があるようにはみえません。

ここを切る

▶️演じ方

> 導入トーク　子どもの頃、おもちゃのお札で遊びませんでしたか？

1

＼言葉かけ／

ここにおもちゃのお札と、白い紙があります。

2 紙幣を約1cmずらして折ります。

＼言葉かけ／

お札を半分に折って…

3 白い紙を約2cmずらして折ります。

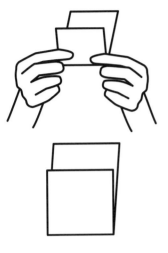

4 紙幣の間にエンピツをはさみます。この時、紙幣の切れ目にエンピツの先を差し込みます。

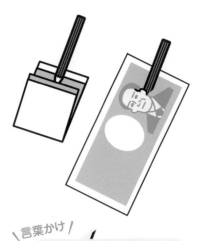

\ 言葉かけ /

この2枚を重ねてエンピツをはさみます。

5 エンピツを突き刺します。

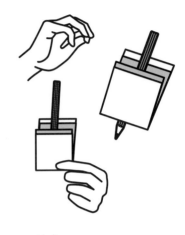

\ 言葉かけ /

間違いなくお札のあいだにエンピツがはさまっていますね。このエンピツを、エイ!

6 エンピツをゆっくり下から抜き出します。

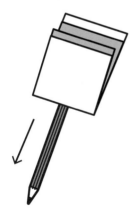

\ 言葉かけ /

大きな穴があいてしまいましたね。

7 切れ目を指で押さえて、紙幣をゆっくり広げて見せます。

\ 言葉かけ /

でもお札は…
傷ひとつありません。

CHECK!

エンピツを突き刺すところで、見ている方にエンピツを押し込んでもらうのも効果的です。
（マジック監修／沢 しんや）

手にのせた割り箸が浮き上がります

浮き上がる割り箸

参加者の左手と自分の右手に置いた割り箸が浮き上がってきます。
簡単な仕掛けでできるマジックです。

⏱約2分 | ★ ☆ ☆ 初級

✏️ 用意するもの

- 割り箸 ……………………………… 1膳
- 小さめのゼムクリップ ……………… 1個
- セロハンテープ

👆 盛り上げるテクニック

割り箸が上がったり下がったりするのをタイミング良くトークを交えてやることでより不思議に見えます。

▶準備

❶ゼムクリップの下図のように曲げます。

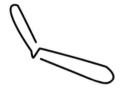

❷これを割り箸にセロハンテープで固定します。はみ出したセロハンテープは切り取ってください。

▶演じ方

 昼食を食べていたら気になる割り箸があり持ってきました。

1 タネの部分を隠して割り箸を見せます。

 言葉かけ

> 今日はとても
> 不思議な
> 割り箸を
> 持って来ました。

2 左手の上にのせ、クリップを人差し指と中指ではさみます。

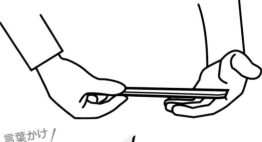

言葉かけ

> これを手の上にのせます。

3

\言葉かけ/

左手の手のひらを上にして
前に出してください。

4 割り箸を相手の手に
のせます。

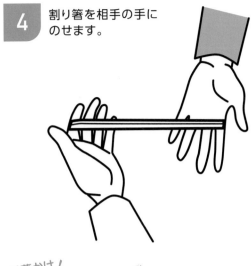

\言葉かけ/

お箸の先をのせますね。

5 人差し指を下げると、相手側のお箸が
上がってきます。

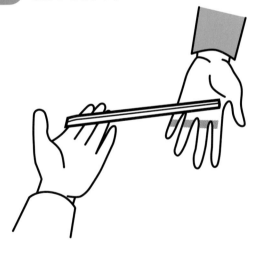

\言葉かけ/

おまじないをかけると浮いてきますよ。

6 人差し指の力を抜くとお箸が下がってきま
す。このように上がったり下がったりを数回
繰り返します。

\言葉かけ/

もう一度おまじないをかけると
おりてきますよ。

CHECK!

割り箸を自分の手にのせるときに、クリップが見えないように注意しましょう。
人差し指の動きが気づかれないように、なるべくゆっくり浮いたりおろしたりさせましょう。
（マジック監修／沢 しんや）

選ばれた洗濯物だけが動きます
洗濯日和

洗濯バサミで一枚づつ留めた洗濯物のイラストが、
参加者が選んだイラストだけめくり上がる楽しいマジックです。

⏱約2分 | ★☆☆ 初級

 用意するもの
- 手芸用ロープ60cm
- 洗濯バサミ ……………………………………… 4個
- 9cm×6cmの厚紙 ……………………………… 4枚

✌ **盛り上げるテクニック**
ちょっとコミカルなマジックなので楽しいトークを参加者が洗濯物のイラストを選ぶときなどにインサートしましょう。

▶ **準備**

❶ 4枚の厚紙に4種類の洗濯物の絵を書きます。4枚の厚紙をロープに洗濯バサミで留めます。
この時、ロープと厚紙の間に1mm位隙間を空けてください。

ブラウス　半ズボン　シャツ　くつした

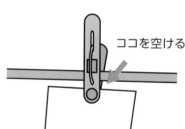

ココを空ける

▶ **演じ方**

 導入トーク ◀ 皆さんは洗濯することありますか？できれば天気の良い日がいいですね！

1 ロープの両端を持って見せます。

＼ 言葉かけ ／

今日は天気も良くて洗濯日和ですね。

2 絵の面が上になるようにしてテーブルに置きます。

3

くつした

言葉かけ

4枚洗濯物を干していますが
どれか1枚選んでください。

4　くつしたの洗濯バサミをほんの少し開い
て、紙をロープに押しつけます。この時、紙
とロープが重なり合わないようにしてくだ
さい。

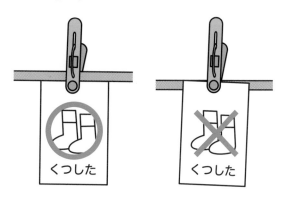

くつした　　くつした

言葉かけ

わかりました。くつしたですね。

5　ロープの両端を親指と人差し指ではさんで
持ちます。指を動かしロープを回転させる
と、くつしたの厚紙だけが動きます。

言葉かけ

くつしたをよーく見ててくださいね！

6　最後はゆっくりと下に戻し終わります。

言葉かけ

○○さんの選んだくつしたが
逆立ちしてしまいました！

CHECK!

厚紙を持ち上げる時は、ゆっくり動くようにします。指の動きに気づかれないようにしましょう。
（マジック監修／沢 しんや）

ハンカチに留めた安全ピンが外れます

しっかり留めたはずなのに

安全ピンをしっかりハンカチに留めたはずなのに、なぜか外れてしまうのかは、
なかなか分かりません。

⏱約3分 ｜ ★ ☆ ☆ 初級

✏ 用意するもの

- 安全ピン 1個
- ハンカチ

👍 盛り上げるテクニック

安全ピンを引っ張る参加者が一番不思議に思うので、
2、3回別な参加者にくり返す方が盛り上がります。

▶ 演じ方

導入
トーク　ちょっと不思議なことを皆さんにも手伝ってもらいながらやりますね。

1

＼言葉かけ／

> これは普段わたしが使っているハンカチです。
> これを半分に折ります。

2　3cm程の所に差して留めます。

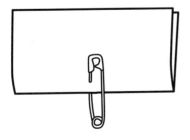

＼言葉かけ／

> そしてここを安全ピンで留めます。

3　安全ピンを留め金まで引っ張ります。

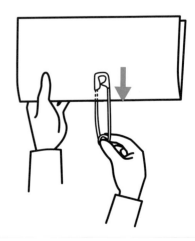

4 安全ピンを矢印の方向に半回転させます。

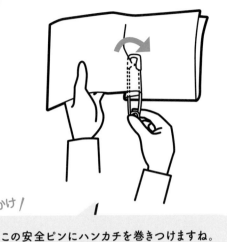

5 さらにもう半回転させます。

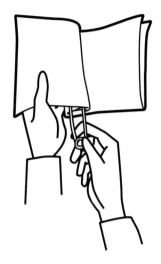

言葉かけ

この安全ピンにハンカチを巻きつけますね。

6 安全ピンを相手側に向け、引っ張ってもらいます。

7

言葉かけ

安全ピンを引っ張ってください。

言葉かけ

アレ?取れちゃいました!

8 指先が不自由な方にはリボンを着けて引いてもらってください。

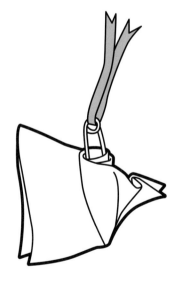

CHECK!

留め金部分が金属のものを使ってください。プラスチック製のものは使えません。
(マジック監修／沢 しんや)

バラバラに切った紙がつながってしまいます

つながっちゃった

12等分に切ったコピー用紙がなぜかきれいにつながってしまいます。
ちょっと華やかさもあるマジックです。

⏱約4分 │ ★★☆ 中級

✏️ 用意するもの

- B4サイズのコピー用紙 ……………数枚
- ハサミ
- のり

👍 盛り上げるテクニック

事前の準備に少々手間がかかりますが、落ち着いてきちんと演じるのが上手にフィニッシュするコツです。7 8 9の動きを練習しておきましょう。

▶ 準備

❶コピー用紙を12等分にします。

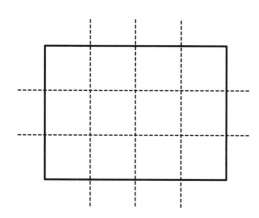

❷切った紙の端にのりを着け図のように12枚を貼りあわせます。

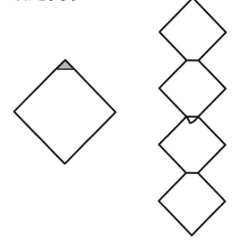

❸きれいに開くように、のり付けした部分の横に折り目を付けておきます。

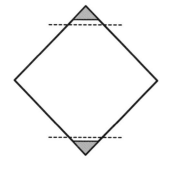

❹B4コピー用紙数枚を半分に折り間につながった紙片をはさんでおきます。

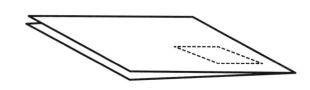

導入トーク これからここにある紙を使ってクイズをしますね。

1 コピー用紙の束から1枚取り上げて広げて見せます。

言葉かけ

これからこの紙をハサミで切っていきますので、何枚になったか見てください。

2 半分に折ってハサミで切ります。

2枚！

言葉かけ

まず、半分に折って真ん中を切ると何枚でしょう？

3 縦長になるように折ってハサミで切ります。

4枚！

言葉かけ

さらに半分に折って切ると何枚ですか？

4 3等分に折って、2箇所の折り目を切ります。

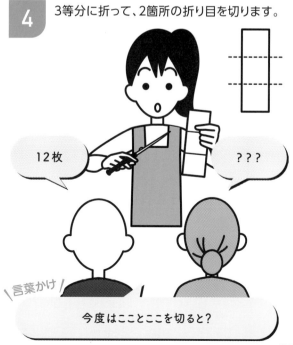

12枚　　???

言葉かけ

今度はこことここを切ると？

5 1枚ずつ数えて、コピー用紙の束の上に置いていきます。

言葉かけ

それでは何枚あるか数えてみましょう。
1枚、2枚、3枚…

6

ほーら
あっていたぞ

言葉かけ

…10枚、11枚、
正解は12枚でした。

7 コピー用紙の束を右手で取り上げて左手の手のひらの上に紙片をすべり落とします。この時、中にはさんであったつながった紙片も一緒に落とします。これらを綺麗にそろえます。

言葉かけ

今度はこの12枚をそろえて…

8 左手の紙を、右手の甲を上にして取り上げ、フッと息をかけます。

言葉かけ

フッと息をかけると…

9 右手の手のひら側を上にして、左手の上に紙を置きます。こうすると、紙の上下が入れ替わり、つながった紙が上になります。

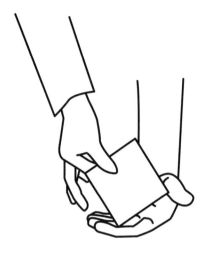

10 右手で端をつまんで、8枚位までのばして見せます。こうすると、左手に紙が残っていても気が付きません。

\言葉かけ/

つながりました！！

11 おめでたいイベントなどの時は、B5サイズの紅白の紙を使うと喜ばれます。

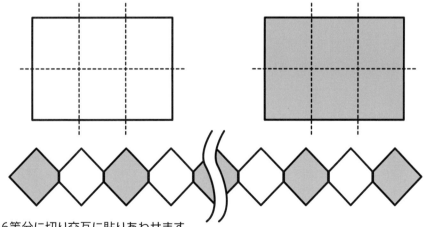

紅白それぞれ6等分に切り交互に貼りあわせます。
紅白の紙を2枚そろえて持ち、縦長に切るところから始めます。

CHECK!

見る方に驚きや感動を与え、好奇心をかき立てる、場を盛り上げるにはもってこいの本格的なマジックです。参加者側の注目度も高まり、マジックをする側とともに集中力がアップし、認知機能改善が期待できそうです。
（老人介護監修／瀬戸　雅嗣）

紙テープをバラバラに切っても、あれ?元通り!
切っても切れない紙テープ

バラバラに切ったはずの紙テープが広げてみると
もとの長い紙テープのまま…。タネは意外に分かりません。

⏱約3分 | ★★☆ 中級

✏ 用意するもの

・紙テープ ……………………………… 1m
・ハサミ

✌ 盛り上げるテクニック

紙テープを切ってバラバラにしたということを強調する
ため **4**〜**6** の動作はハッキリ見せましょう。

▶ 準備

❶ 紙テープを図のように折りたたみます。
1cmに折りたたんだ部分がタネになります。

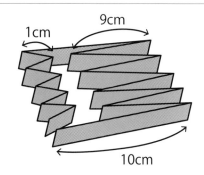

1cm　9cm　10cm

▶ 演じ方

導入
トーク　どこにでもある紙テープを今日は持ってきましたよー。

1	

| **2** | タネの部分を左手の親指と人差し指ではさんで、タネが見えないように広げます。 |

| **3** | 紙テープをたたんで、元の状態に戻します。 |

＼言葉かけ／
ここにあるのは紙テープを
折りたたんだものです。

＼言葉かけ／
広げるとこーんなに
長いんですよ。

＼言葉かけ／
これをもとに戻しますね。

4 タネの部分を上にして持ち、端から
5mm位を切り落とします。

ここをハサミで切ってしまいます。

5 切ったふりをして、左指先の力を抜くとテープ
のかけらがパラパラと落ちます。

念のためにもう1回切りますよ。

6 少しだけひらいて見せます。

これで紙テープはバラバラになって
しまいました。

7 紙テープの両端を持って広げて見せます。

でも、フッと息をかけると
元通り!

CHECK! 見ている方に息を吹きかけてもらい、片方の端を持たせて引っ張ってもらうのも効果的です。
（マジック監修／沢 しんや）

言われたとおりに並べたら縁起のいい言葉が現れます

縁起がいいね

不思議ですが、このやり方通り並べていくと、必ず縁起がいい言葉が現れる
マジックです。

⏱約6分 │ ★★☆ 中級

✏ 用意するもの

- 名刺サイズの厚紙 ……………… 10枚
- A4サイズのコピー用紙 ………… 1枚
- サインペン

✋ 盛り上げるテクニック

出てくる漢字のメッセージに対して、テンポ良く「平和を
望んでいたんですね。世界が平和になるよう祈りましょ
う」など、言葉を返すようにしましょう。

▶ 準備

❶10枚の紙に下のように書きます。これを①から⑩まで順番に重ねておきます。

①	②	③	④	⑤
平	健	長	幸	大
和	康	寿	福	安
⑥	⑦	⑧	⑨	⑩

▶ 演じ方

導入トーク： 皆さんが望んでいる漢字のメッセージをお見せするマジックをしますよ!

1 1枚ずつ漢字を見せながらテーブルに置いて
いきます。順番が変わらないように気を付け
てください。

＼ 言葉かけ ／

ここに漢字の書かれた
10枚の紙があります。

<table>
<tr><td>2</td><td>コピー用紙に、4等分になるように線を3本描きます。</td></tr>
</table>

<table>
<tr><td>3</td><td>紙の下半分に「5, 4, 8, 2」と書きます。</td></tr>
</table>

<table>
<tr><td>4</td><td>好きな数字を書いてもらうか、相手に数字を聞いて自分で書きます。これはどんな数字でも大丈夫です。例として3156とします。</td></tr>
</table>

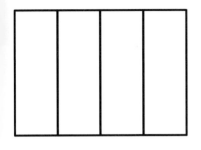

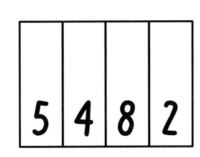

言葉かけ

この紙には
線を引きますね。

言葉かけ

この紙に数字を書きますが、
私が後から書くと怪しいの
で先に書きますね。

言葉かけ

それでは○○さんも、
上に好きな数字を
書いてください。

<table>
<tr><td>5</td><td>漢字の紙を取り上げて裏向きに持ちます。</td></tr>
</table>

<table>
<tr><td>6</td><td>1番上の紙を「1枚」と言って1番下にいれます。続けて「2枚」と言って同じように下にいれます。次は「3枚」と言って3と書かれた上に置きます。</td></tr>
</table>

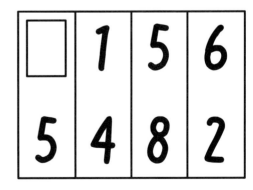

言葉かけ

この数字の通りに先程の漢字が書かれた
紙を置いていきますね。

言葉かけ

まず、最初の数字が「3」なので
3枚目の紙を置きます。

7 同じように1枚2枚3枚4枚と下にいれて、5枚目を「5」の上に置きます。

8 「1」のときは1番上の紙をそのまま「1」の上に置きます。

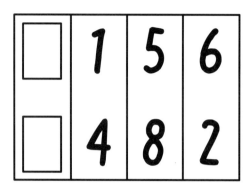

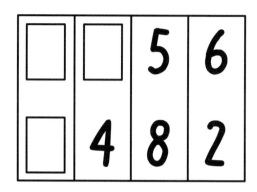

言葉かけ

次は私の書いた「5」ですから
5枚目を置きます。

言葉かけ

次は○○さん書いた「1」なので
1枚目を置きます。

9 このように相手の数字、自分の数字相手の数字、自分の数字と最後まで置いていくと2枚の紙が残ります。

10 「例」では幸福が出ましたが、相手の書く数字によって「平和」「健康」「長寿」「大安」のどれかが出ます。また、数字によっては「福幸」と上下逆の場合もありますので、まず自分で見て上下を合わせてから相手に見せてください。

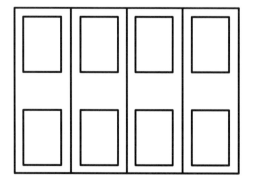

言葉かけ

2枚の紙が残りました。この2枚は…

言葉かけ

「幸福」ですね！

11 ここでも漢字が上下逆の場合もありますので、まず自分で見て上下を合わせてから相手に見せてください。

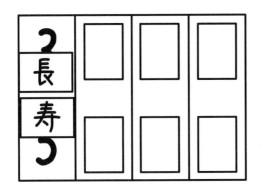

12 どの場所にどの言葉が出るかは相手の書いた数字次第ですが、必ず縁起のいい言葉になります。

言葉かけ
それではこちらも見てみましょう。
「長寿」ですね。長生きできますよ。

言葉かけ
すごいですね！
縁起のいい言葉ばかりです。

13 下のように絵を半分に切ったものを使うことも出来ます。

① ② ③ ④ ⑤

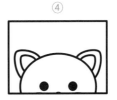 

⑥ ⑦ ⑧ ⑨ ⑩

CHECK!
この手品は自分が「5, 4, 8, 2」と書くと、相手がどのような数字を書いても成功します。
もちろん相手が自分と同じ数字でもかまいません。ただし「0」を使うことはできません。
枚数を数えて置く場面では、同じ動作の繰り返しになりますのでテンポ良く進めてください。
（マジック監修／沢 しんや）

紙ふぶきと黒い紙を使ったとってもおめでたいマジック
おめでとうございます

準備に少しの手間がかかりますが、正月や誕生日のパーティーなどに
大ウケのマジックです。

⏱約2分 | ★★☆ 中級

✏ 用意するもの

- B4サイズの黒い紙 ················ 2枚
- 赤と白の紙テープひとつずつ
- ハサミ
- のり
- 両面テープ

👆 盛り上げるテクニック

最後に出す「祝」などの漢字とともに大ゲサなくらい大きな
声で「おめでとうございます」とメッセージを伝えましょう。

▶ 準備

❶ B4サイズの黒い紙を切断
して正方形にします。

❷ 斜めに3等分して折り目を
つけます。

❸ 斜線の部分
にのりを着け
て2枚を張り
合わせます。

❹ 紙テープを切って小さな紙
ふぶきを大量に作ります。

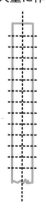

❺ 黒い紙の片面に紙ふぶきを
貼り付けて文字を作ります。

❻ 残った紙ふぶきは器に入れて
おきます。

❼右を折って、次に左を折ります。

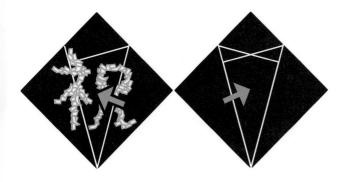

❽黒い紙をひっくり返して左角に5mm
角の両面テープを貼り付けます。

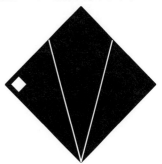

▶演じ方

導入
トーク

紙ふぶきを使って皆さんにお知らせしたいことがあります。

1 両面テープを右手で隠して、黒い紙
を見せます。

言葉かけ

ここに黒い紙があります。

2 自分から見て左手側を折ります。

言葉かけ

この紙を三つに折ってポケットを作りますね。

3 右手側を折ります。左手で両面テープの
位置をギュっと押さえて貼り付けます。

4 折った紙をふくらませて、ポケット状に
します。

5 器の紙ふぶきをつまんで、2、3回黒い紙のポケットに入れます。残った紙ふぶきを全部入れる必要はありません。

言葉かけ

このポケットの中に
紙ふぶきをパラパラーと入れます。

6 右手の親指と人差し指で、自分側の紙のコーナーを持ちます。

★ ここを
持つ。

言葉かけ

あとはおまじないをかけると

7 右手の親指と人差し指でコーナーを持ったまま紙を左側に振ると、たたんだ紙がパタパタと広がります。

8 両角を持って見せます。

言葉かけ

おめでとうございます！

CHECK!

「祝」以外にも「寿」や「賀正」など、イベントにふさわしい文字を作ってください。
（マジック監修／沢 しんや）

数枚のティッシュペーパーを丸めると中からネックレスが出てきます

えっ?ティッシュからネックレスが!

ティッシュをボックスから何枚か取ってるうちに取ったティッシュの固まりの
中からネックレスが出てくるマジックです。

⏱約3分 | ★★☆ 中級

✏用意するもの

・ティッシュペーパー 1箱
・イミテーションのネックレス

✋盛り上げるテクニック

8 〜 10の動きの時にティッシュの固まりを破って中から出
てくるという感じを上手に表現することでよりリアル感が
出るマジックです。

▶準備

❶ネックレスをティッシュペーパーで包み、上を
ねじっておきます。

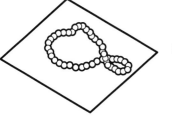

❷これを飛び出している
ティッシュペーパーの
後ろに隠します。

▶演じ方

導入
トーク　どこにでも置いてあるものですが、ちょっとマジックに使ってみたいと思います。

1

\言葉かけ/
これは皆さんが
使っている
ティッシュ
ペーパーですね。

2　タネが落ちないように
気をつけて置きます。

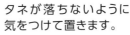

\言葉かけ/
今日はティッシュペーパーの
新しい使い方をお見せしたいと思います。

3 ティッシュペーパーを1枚引き出します。タネは次のティッシュペーパーに隠れて見えません。

言葉かけ

まずは1枚。

4 ティッシュペーパーの裏表を見せます。これを左手で持ちます。

言葉かけ

もちろん普通のティッシュペーパーですね。

5 ティッシュペーパーと一緒にタネをつかんで引き出します。そのまま左手に渡します。

後ろにタネ

言葉かけ

続けて2枚。

6 ティッシュペーパーを引き出しひらひらと振って見せます。

言葉かけ

さらにもう1枚。

7 タネを包みこむようにティッシュペーパーを丸めます。

言葉かけ

これをクルクルと丸めて…

8

言葉かけ

おまじないをかけると…

9 中のネックレスを落とさないようにティッシュペーパーを破ります。

10

言葉かけ

ネックレスが出てきました!

CHECK! ティッシュペーパーで包めるサイズの物であれば、どのような物でも出すことが出来ます。
ただし、隠したときは小さくなり、取り出したときに大きく見えるものが好ましいです。
(マジック監修／沢 しんや)

お札の入ったのし袋を真っ二つに

切れないお札

お札を入れたのし袋をまん中から切りますがなぜか、お札は切れません。
どうしてそんな風になるのか、意外にタネは分かりません。

⏱約3分 | ★★☆ 中級

✏ 用意するもの

- のし袋1枚 ……………………………… 1枚
- ハサミ
- カッターナイフ
- 厚紙
- お札（真ん中に折り目を付けておきます）… 1枚

🔌 盛り上げるテクニック

のし袋がハサミで切れているのに、中に入ってるはずのお札が切れてないというのが意外性のあるところなので、折れたお札が見えてしまうとタネがばれてしまいます。その点を注意しましょう。

▶準備

❶のし袋の中に厚紙を入れ水引の上のラインに沿ってカッターナイフで切れ目を入れます。のし袋の裏側まで切ってしまわないように気をつけてください。切り終わったら、厚紙は取り出します。

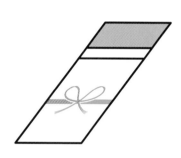

▶演じ方

 導入トーク　子供の頃によくこれでお年玉をもらいましたよね！

1 切れ目が開かないように軽く押さえてのし袋を見せます。

 言葉かけ

> これは
> お祝い事に使う
> のし袋ですね。

2 のし袋の裏側を相手側に向けお札を取り出します。

 言葉かけ

> 中には
> ちゃんとお札も
> 入っています。

3 切れ目を通して、お札の下半分を表に出します。

言葉かけ

お札はのし袋の中に入れておきます。

4 飛び出しているお札の下半分を左手の親指で上方向に折ります。

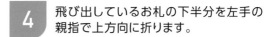

言葉かけ

これをどうするかというと…

5 左手でのし袋の上半分を、お札を押さえながら持ち、右手でハサミを取り上げます。

言葉かけ

ハサミで真っ二つにしてみましょう。

6 水引の下のラインに沿って切ります。端から5mm程残して切り終えます。

言葉かけ

のし袋の真ん中をチョキチョキと…

7 残った5mmをちぎり取ります。

言葉かけ

本当に半分になってしまいました。

8 上半分と下半分を下図のように持ちます。

言葉かけ

今度はこれを重ねますね。

9 お札をひっぱり出すと、自動的に二つ折りの状態から広がった状態になって出てきます。

言葉かけ

中のお札はどうなったのかな?

10

言葉かけ

お札は無事に元通り!

CHECK!

お札を上方に折るとき、横から見えてしまうことがあるので、見せる角度に気をつけましょう。
（マジック監修／沢 しんや）

空中から次々と紙幣が出てきます!

湧き出る紙幣

準備が少し大変ですが、次から次と空中からお札が出てくるように見える
楽しいマジックです。

⏱️約5分 | ★★★ 上級

✏️ 用意するもの

- 100円ショップなどで売っているおもちゃの紙幣
  ························· 10枚
- 出てきた紙幣を入れるための紙袋又は帽子など
  ························· 1つ
- セロハンテープ

👆 盛り上げるテクニック

9枚の紙幣を上手に出せるようになるには、多少の
練習が必要です。紙幣を鮮やかに出せるようになる
と、より臨場感が出てきます。

▶️ 準備

① 紙幣の裏面中央にセロハンテープを貼ります。(破れ防止のため)

② 9枚の紙幣を図のように四つ折にします。

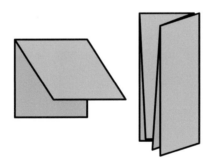

③ 折りたたんだ紙幣の矢印の部分を★とします。

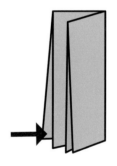

④ 図のように、たたんだ紙幣をもう1枚の紙幣の★に差し込みます。

⑤ 同じように1枚ずつ、9枚の紙幣を重ねます。

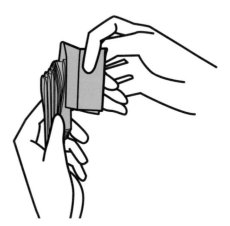

❻残った折っていない紙幣の裏側に重ねた紙幣を置きます。

❼1番内側の紙幣の★に左手の親指を入れて、下図のように重なった紙幣が手のひらで隠れる位置に持ちます。

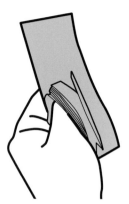

▶演じ方

導入トーク　おもちゃとは言っても、ボクも好きですが皆さんもお札が好きですよね。

1 準備した紙幣を見せます。

言葉かけ

お札がどんどん増えるとうれしいですよね。
そこで今日は一万円札を持って来ました。
残念ながらお財布の都合で
おもちゃのお札ですが。

2 開いている紙幣を右手で取ります。右手が左手から10cm程離れたところで左手の親指を右上にのばします。こうすると、中の紙幣に押されて1番表側の紙幣がパッと広がり、お札が現れたように見えます。

言葉かけ

このお札は、こちらの袋の中に
入れておきます。

3 右手に持っているお札を袋の中に入れます。

言葉かけ

あれ、2枚になってしまいました。

4 同じように右手でお札を取り、左手から10cm程離れたところで左手の親指を右上にのばして広げます。

言葉かけ

こちらのお札も紙袋の中に…

5 これを繰り返し、紙幣を10枚にします。

言葉かけ

また増えてしまいました。

6 袋の中の紙幣を取り出して10枚に増えた紙幣をを見せます。

言葉かけ

これが全部
本物のお札ならうれしいですね。

CHECK!

10枚で行うのが難しいときは、5枚位から始めてください。
もちろん本物の紙幣でも出来ますが、おもちゃの紙幣を使ったほうが安心です。
（老人介護監修／瀬戸 雅嗣）

ロープに結びつけたハンカチが外れます

ハンカチの脱出

しっかり結んだはずなのに、なぜかロープからハンカチが外れてしまう
意外性の高いマジックです。

⏱約4分 | ★★★ 上級

✏️ 用意するもの

・手芸用ロープ1m50cm
・ハンカチ

👆 盛り上げるテクニック

二人の参加者と一緒にロープとハンカチを扱うので、しっ
かり練習しておく必要があります。

▶演じ方

導入
トーク　ロープとハンカチを使った皆さんが驚くマジックをやってみましょう。

1

\言葉かけ/

それでは、お二人に
お手伝いしていただきます。

2

\言葉かけ/

まず、右手でロープの端を持ってください。
そして左手の人差し指にロープをかけますね。

3

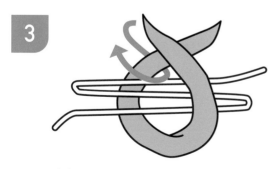

\言葉かけ/

これにハンカチを縛り付けます。

4

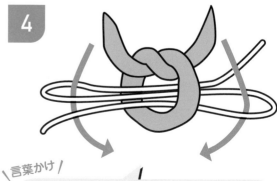

\言葉かけ/

そしてロープの間にハンカチを通します。

5

\言葉かけ/

さらにもう一度縛ります。

6

\言葉かけ/

それでは左手を離して
ロープを引っ張ってください。

7

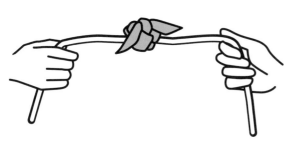

\言葉かけ/

見ててくださいね!

8 ハンカチの端をつかんで引っ張り上げます。

\言葉かけ/

エイ!ハンカチが外れてしまいました!

CHECK!

頭と指先を使うパフォーマンスは認知症予防にも役立ちそうです。
マジックは、指先を使うことによる身体機能の維持、手順や演出を考えることによる脳機能の
活性化など、高齢者の健康維持に役立つ要素があると注目されています。
(老人介護監修／瀬戸 雅嗣)

体を一回りさせると口にストローをくわえています

突然現れるストロー

手をあげたまま後ろ向きに立っていて振り返ると、いつの間にか口にストローをくわえているといったコミカルなマジックです。

⏱約1分 | ★ ☆ ☆ 初級

✏用意するもの

- ストロー ……………………… 1本
- カッターナイフ

👍盛り上げるテクニック

一瞬で終わってしまうので、見ている人が分かりやすいように最後は「このストローはどこからきたのでしょう!」というようなトークをしてみましょう。

▶準備

❶ストローの片面をカッターナイフで直線切りします。

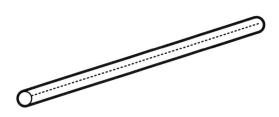

❷ストローを開きながら、端から巻いていきます。

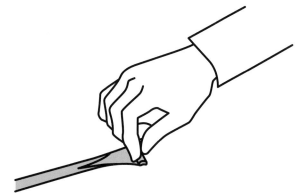

❸最後まで巻くとこのようになります。手を離すと元のストローの状態にもどります。

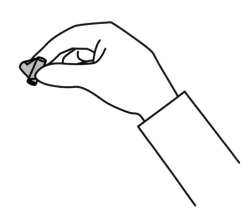

❹丸めたストローを下の絵の向きに口の中に入れておきます。

導入トーク　**手には何も持っていませんよ。**

1 両手を肩の位置まで上げます。

2 手を上げたまま後ろを向きます。完全に後ろを向いたときに、口を開くと、自動的にストローが伸びますので、落とさないように唇でくわえます。

3 ストローをくわえたまま前を向きます。

4 出てきたストローを見せます。

 **CHECK!**　これだけではアッという間に終わってしまいますので
次ページの「宙に浮かぶストロー」に続けましょう。
（マジック監修／沢 しんや）

宙に浮かぶストロー

ストローがゆらゆらと浮き上がります

奇妙にも自分が言ったことをストローが忠実に聞いて右へ左へと動きます。

約2分 | ★★☆ 中級

✏ 用意するもの

- ストロー ……………………… 1本
- コップ
- 両面テープ

💪 盛り上げるテクニック

ストローが動きまわる部分をトークを交えながら上手にやりましょう。

▶準備

❶左手の中指に5mm角の両面テープを貼っておきます。

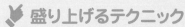
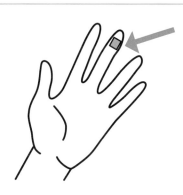

▶演じ方

導入トーク　最近プラスチックゴミというのが問題になり、ストローも悪者になってますが…

1 調べ終わったら、コップにストローをさし、テーブルに置きます。

言葉かけ

ここにあるのは
コップと
ストローですね。
よーく調べてください。

2 相手から見たところ指が9本しか見えていませんが見ている人は気がつきません。

言葉かけ

そしてこのように手を組み合わせます。

3 自分から見たところ左中指が手のひら側に入っています。

4 両手の親指ではさんで持ち上げます。この時、左手の中指を曲げてストローを両面テープに貼り付けます。

言葉かけ

ストローを持ち上げますよ。

5 左右の親指をゆっくりと離していきます。

言葉かけ

見ていてください、親指を離してもこのとおり!

6 中指を伸ばしたり曲げたりすると、ストローが左右に動きます。

言葉かけ

自由に動き回るんですよ。

7 ストローを最初のように左右の親指ではさみ、中指を離します。そのままストローをコップに戻して終わります。

言葉かけ

それではコップの中に戻しましょう。

CHECK!

「このストローは命令どおりに動くんですよ。右、左と言ってください。」とお願いし、「右」、「左」と言ってもらい、その方向にストローを動かすと盛り上がります。
（マジック監修／沢 しんや）

紙コップにいれたお菓子が増えます

増えるお菓子

紙コップに入れたお菓子が、同じサイズの紙コップに写すときに急に増えてしまします。仕掛けは簡単ですが、楽しいマジックです。

 約2分 │ ★ ☆ ☆ 初級

🖊 用意するもの

- 紙コップ　普通サイズ ……………… 2個
　　　　　　大サイズ ……………………… 1個
- お菓子
　（袋に入ったポップコーン又は小さめのおかき等）
- 大き目のお皿 ……………………………… 1枚

👆 盛り上げるテクニック

6の動きの時にはお菓子が増えてこぼれていることを少しオーバーにトークしましょう。

▶準備

❶小さな紙コップに大きな紙コップを挿し込み、はみ出た部分を切り取ります。

❷底の浅い紙コップが出来上がります。

▶演じ方

導入トーク　今日は皆さんのおやつを増やしてみせますね。

1 お菓子を仕掛けの無いほうの紙コップにすり切りいっぱい入れます。

言葉かけ

このお菓子、おいしいですよね。
これを紙コップに入れます。

2 お菓子の入った紙コップに、仕掛けの紙コップをひっくり返してかぶせます。

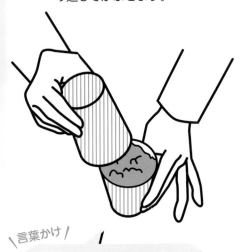

もちろん食べていると、減ってきますよね。そんな時はもうひとつのコップをかぶせて…

3 ふたつの紙コップを逆手で持ちます。

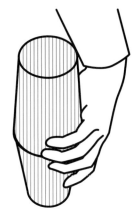

4 紙コップを横にして振ります。

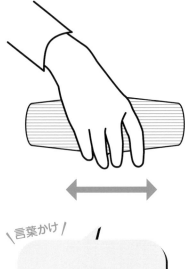

言葉かけ

そして、よーく振ると…

5 置くときは順手でお皿の上に置きます。こうすると紙コップの上下が逆になります。

6 上の紙コップを持ち上げると、お菓子があふれ出ます。

言葉かけ

お菓子がこんなに増えました。

CHECK! 急に頼まれたときでも手持ちの品でやれるマジック。簡単なタネのマジックですが、十分に驚かせられます。タネあかしすると、帰ってからお孫さんに見せている方もいるようです。仕掛けのコップ作りもレクリエーションになります。
（老人介護監修／瀬戸 雅嗣）

何も書かれていないスケッチブックに文字や絵が現れます

不思議なスケッチブック

難しいマジックではありませんが、分かりやすさと演出次第で盛り上がります。
本番前に練習もしておきましょう。

⏱約2分 | ★★☆ 中級

 用意するもの

・スケッチブック（B5サイズの横長のもの）
.... 1冊
・ハサミ又はカッターナイフ

 盛り上げるテクニック

タイムリーさで盛り上がりも変わってきます。
バースデーやカレンダー催事に合わせるのも方法
です。

▶ **準備**

❶ 表紙を開いて1枚目3枚目5枚目とすべての
奇数枚目を下図の斜線部分を切り取ります。

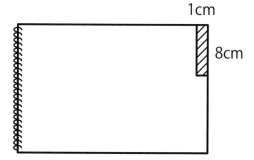

❷ 2枚目4枚目6枚目とすべての偶数枚目
を下図の斜線部分を切り取ります。

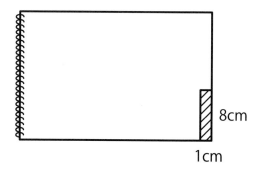

❸ 下記のように端を切り取ったスケッチブックの
すべての偶数枚目に文字又は絵を描きます。
全部同じ文字や絵でもいいですし、バラバラ
の文字や絵でもかまいません。

❹ 表紙を前にして左側をA、右側をBと
します。

導入トーク

たまには絵を描いてみたいと思って、スケッチブックを買ってきました！

1

＼言葉かけ／

これが買ったばかりのスケッチブックです。

2 左手で綴じている部分をしっかり持ち右手でBをつまんでパラパラとめくって見せます。

＼言葉かけ／

もちろんまだ何も書かれていません。

3

＼言葉かけ／

この新品のスケッチブックにおまじないをかけると…

4 左手で綴じている部分をしっかり持ち右手でAをつまんでパラパラとめくると字や絵が現れます。

＼言葉かけ／

ほら、このとおり！字が（絵が）出てきました。

CHECK!

ページをめくるたびに、お、誕、生、日、お、め、で、と、う、と文字が出てくるのも喜ばれます。
（マジック監修／沢 しんや）

選ばれたページから玉子が出てきます

玉子を産む週刊誌

週刊誌の好きなページを破ってクシャクシャにしたら、中から卵が出てくる
マジックです。シンプルなネタですが、意外性があり大ウケです!

⏱約2分 | ★★☆ 中級

✏ 用意するもの

・週刊誌(100ページ程度のもの)……… 1冊
・ゆで玉子 ……………………………… 1個

✋ 盛り上げるテクニック

ページを丸めたら参加者におまじないをかけてもらいましょう!玉子を食べてみせて本物度合いをアピールするのも演出の一つです。

▶準備

❶左手で玉子を持ち、その上に週刊誌の
開く側を上にして持ちます。

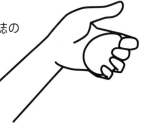

▶演じ方

> 導入トーク　今日は皆さんも時々お読みになる週刊誌を1冊持ってきました。よく見ててくださいね。

1 右手をそえて週刊誌をパラパラとめくっていきます。ストップの掛け声をどなたかに依頼しましょう。	**2** ストップがかかったらめくるのを止めそのページを破りとります。

\言葉かけ/

○○さん、これから週刊誌を
パラパラとめくっていきますので
お好きなところでストップと言ってください。

ストップ!

3 破りとったページを
左手の親指で持ちます。

4 右手で週刊誌を抜き取り
側にある机の上などに置きます。

5 破りとったページで、
玉子を包み込むように丸めます。

|言葉かけ|

○○さんの選んだページを
このようにクチャクチャにしました。
○○さん、ここでおまじないをかけて
もらえますか。アレ?何か入っていますよ。

6 紙を破って玉子を取り出します。

|言葉かけ|

玉子が産まれました!

CHECK! 玉子以外にもリンゴやミカンなどの果物、お菓子など、手で隠し持てるものであれば使えます。
特別な仕掛けを用意しなくても、身近なものを使って楽しめるのがこのマジックの魅力です。
観客にものを出してもらうなどの演出で、交流を広げるのも良いでしょう。
（老人介護監修／瀬戸 雅嗣）

とっくりの中の水が消えて、もうひとつのとっくりから出てきます

とっくりトリック

2つの空のとっくりを使い、片方の空のとっくりに入れた水が
もう一つの空のとっくりに移ります。

約2分 | ★ ☆ ☆ 初級

✏ 用意するもの

・とっくり ……………………… 2個
・ティシュペーパー
・小さめのグラス

👍 盛り上げるテクニック

少しゆっくりめにやった方がいいマジックです。難しいテクニックは何もありません。

▶準備

❶ひとつめのとっくりには50ccの水を入れ、ティシュ
ペーパーを丸めて紙球を作り、栓をしておきます。
もうひとつのとっくりの中にはティシュペーパーを
7、8枚入れておきます。グラスには50ccの水を入
れておきます。

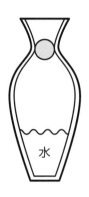

水

▶演じ方

導入トーク 皆さんといっしょに飲もうと思い、とっくりを2つお持ちしました。

1

そりゃー
日本酒だろう

言葉かけ

ビールも美味しいですが、たまには熱燗も
いいですよね。ところでこのとっくりには
何が入っていると思いますか?

2 ふたつのとっくりを
ひっくり返してみせ
ます。

言葉かけ

残念ながら、
まだ何も
入っていないんです。

3 水の入っているとっくりをテーブルに置きます。この時、人差し指で紙球を押し込み中に落とします。

言葉かけ

ひとつはテーブルに置いておきますね。

4 グラスの水をとっくりに入れます。この水は中に入れたティッシュペーパーが吸い取ってくれます。

言葉かけ

もうひとつのとっくりには水を入れます。

5 とっくりをひっくり返して、水が消えたことを確認します。

言葉かけ

魔法をかけると、この水は消えてしまいます。

6 テーブルの上のとっくりを持ち上げグラスに水を注いでみせます。

言葉かけ

水はこちらのとっくりに飛び移ってきました。

CHECK!

マジックの最中に、音楽を流したり、タンバリンやマラカスなどの楽器を鳴らして場を盛り上げることもおすすめです。BGMがあると、やる気を出す参加者も多いです。アップテンポでリズム感のあるBGMが基本ですが、このマジックのように、ゆっくりとやった方がいいものには、ややゆっくりめなBGMを選びましょう。(老人介護監修／瀬戸 雅嗣)

ロープでとっくりが釣り上がります
とっくり釣り

普通の紐でなぜかとっくりを釣り上げることができてしまう不思議なマジック。
紐の抜き方は事前に試してみましょう。

⏱約3分 | ★★☆ 中級

✏ 用意するもの

・とっくり
・太目の手芸用ロープ（スピンドル紐）……… 1m
　（100円ショップで手に入ります）
・つまようじ（先端を折って約3cmにします）

✌ 盛り上げるテクニック

とっくりを左右にゆらしてみせるときは、表情とトークを少しオーバー気味にして盛り上げましょう。ただしとっくりを振りすぎると落としてしまうこともあるのでご注意を。

▶準備

❶ロープの端がほつれないようにセロハンテープを巻いておきます。

❷ロープの中央につまようじを差し込みます。

❸この部分につまようじが隠れています。

▶演じ方

導入
トーク　皆さんお酒を飲まれますか？私は日本酒が好きで愛用のとっくりを持参しました。

1　とっくりを逆さまにして振ってみせます。

言葉かけ
とっくりを見るとお酒を飲みたくなりますが、残念ながら中はカラッポです。

2　とっくりをテーブルに置きます。

言葉かけ
とっくりはテーブルに置いておきますね。

3 ロープの両端をひっぱって見せます。

もうひとつ使うものは
ロープです。

4 ロープを二つ折りにしてとっくりの口から
差し込みます。

このロープを半分に折って
とっくりに差し込むと…

5 ロープをずらして図の状態にします。

6 ロープをゆっくりと持ち上げます。

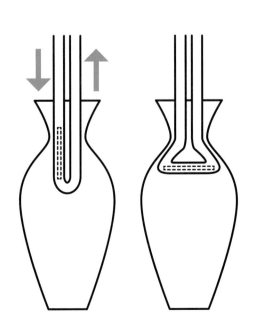

ほーら、とっくりが釣れました。

7 とっくりを左右にゆらしてみせます。

＼言葉かけ／

ゆらしてもこのとおり！

8 とっくりをゆっくりとテーブルに下ろします。

＼言葉かけ／

さあ、元にもどしますよ。

9 どちらか片方のロープを下げます。

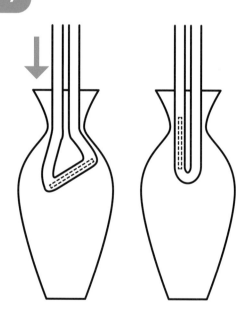

10 ロープをゆっくりと持ち上げて抜いてみせます。

CHECK! このマジックに限ったことではありませんが、季節のイベントの場合は、時期にあった壁面飾りで雰囲気を盛り立てましょう。春なら桜、クリスマスならツリーやリースなど、季節感がある飾り付けを行うことは介護レクリエーションの大事なポイントの一つです。
（老人介護監修／瀬戸 雅嗣）

小さなメッセージシートが一瞬で大きくなります

大きくなるメッセージシート

小さな紙に書かれたメッセージが一瞬のうちに
大きな紙に書かれたメッセージに変わります。

⏱約2分 ★★☆ 中級

🖊 用意するもの

- B4サイズの紙
- 15cm×13cmの紙
- スティックのり

✌ 盛り上げるテクニック

どういう趣旨の集まりなのか、その集まりに合わせた
タイムリーなメッセージを用意することにしましょう。

▶ 準備

① 小さいほうの紙に「今日は?」と書きます。

今日は?

② メッセージは催しごとに適切なメッセージを書きます。例えとしてお正月とします。

あけまして
おめでとう
ございます

③ 小さいほうの紙は横方向にひっくり返し左半分にのりを付けます。大きい紙は半回転させます。

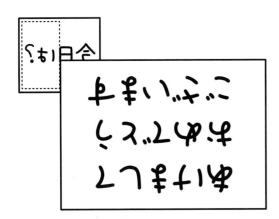

④ 角をピッタリとそろえて貼り付けます

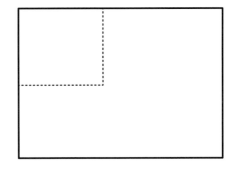

❺小さな紙が2cm出る位置で
　大きな紙を折ります。

2cm

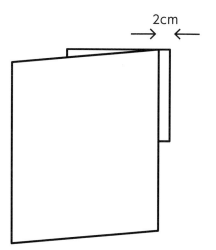

❻小さな紙と大きな紙の右端を
　そろえて折ります。

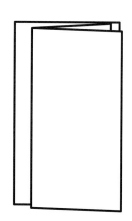

❼下から上に半分に折ります。

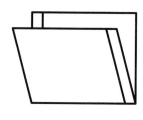

▶演じ方

 導入
トーク 　今日は皆さんにお伝えするメッセージがあります。

1 親指と人差し指で大きな紙の角をつかみ、
　残り三指で小さな紙を押さえます。

2

言葉かけ

今日は何の日か知っていますね。

3

お正月

今日は？

言葉かけ

そうです。お正月ですね。

4

今日は？

言葉かけ

この紙にフッと息を吹きかけると

5 親指と人差し指は大きな紙をつかんだまま
押さえている3本の指を離して左右に広げ
ます。

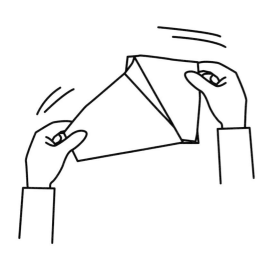

6

あけまして
おめでとう
ございます

言葉かけ

あけましておめでとうございます！

CHECK! 大人数の場でマジックを披露するときは、遠くからは見にくいカードや紐などより、
このマジックのようにみんなにわかりやすいものを選ぶのが惹きつけるコツです。
（老人介護監修／瀬戸 雅嗣）

3本のロープで3つの輪を作りますがいつの間にか大きな輪になっています

でっかいわロープ

同じ色のテープを端に巻いた3本のロープを結んで3つの輪を作ります。
ところがビックリ!広げてみると1つの輪になっています。

約3分 | ★★★ 上級

✎ 用意するもの

- 太目のロープ80cm ………………… 3本
  （100円ショップで手に入ります）
- ビニールテープ3色

✋ 盛り上げるテクニック

実際は1つの輪になっているロープを、8 9 のように3つの輪ができていることを自然に見せることが重要です。

▶準備

❶3本のロープの両端に右図のように3色のビニールテープを巻きつけます。

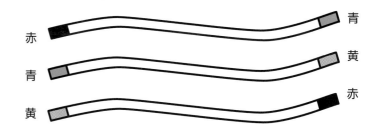

赤　　　　　　　　　　　　　　　青
青　　　　　　　　　　　　　　　黄
黄　　　　　　　　　　　　　　　赤

▶演じ方

導入トーク　100円ショップでついついロープを衝動買いしてしまいました。

1 テープの色がはっきりと見えるように持ちます。見ている方はそれぞれのロープの両端には同じ色のテープが付いていると思い込みます。

言葉かけ

ここに3本の
ロープがあります。
分かりやすいように
両端には3色のテープを
付けてあります。

2 右手を離します。

3 右手で下から赤いテープの付いたロープを持ち上げ、左手の赤いロープと結びます。

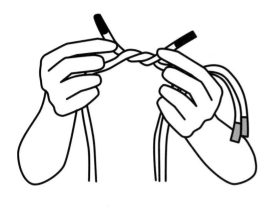

4 結び目は左手で持ったまま、輪の下部分を左手にのせます。

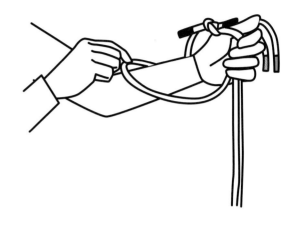

言葉かけ

まず最初は赤いロープを
結んで輪にします。

5 青と青を結んで輪を作り、同じように左手にのせます。

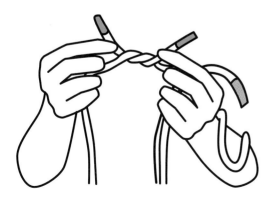

6 残った黄色と黄色を結んで輪を作ります。

言葉かけ

次は青いロープで輪を作ります。

言葉かけ

最後は黄色いロープで輪を作ります。

7 左手にのせていたロープを下ろし、左手で結び目のすぐ横を持ちます。

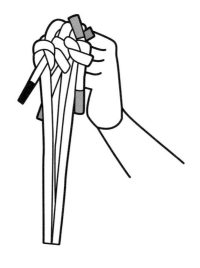

8 下図のように左手から右手のひらの上に結び目をひとつずつ落としていきます。こうするとバラバラの3つの輪に見えます。

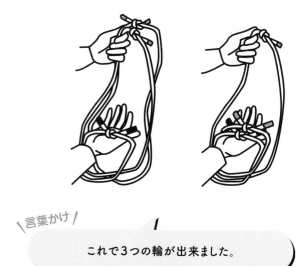

\言葉かけ/

これで3つの輪が出来ました。

9

\言葉かけ/

この3つの輪にフッと息をかけると

10 ロープを広げて見せます。

\言葉かけ/

でっかくなっちゃった！

CHECK!

ロープを左手にのせる時に、他のロープをくぐらせてしまうと大きな輪になった時に絡んでしまうので気をつけましょう。ロープを結ぶ順番は「赤、青、黄」である必要はありません。左手の指先に近いロープから順に同じ色同士を結んでください。
（マジック監修／沢 しんや）

新聞紙で包んだコップが消えてしまいます

消えるコップ

コップを新聞紙で包んだはずなのに、いつの間にか消えてしまいます。そこにコップがあるように見せること、ないように見せることのテクニックの見せどころです。

⏱ 約2分 | ★★☆ 中級

✏ 用意するもの

・新聞紙 ……………………………… 1枚
・コップ

🏅 盛り上げるテクニック

新聞紙でコップを上手にかくせるかどうかが見せどころです。事前の練習が大切です。

▶ 演じ方

 導入トーク 昔はコップや食器を買うと、新聞でよく包まれたものです。

1 コップの口を下にしてテーブルに置きます。

言葉かけ

> 普通の新聞紙が1枚とコップがあります。このコップはテーブルに置きますね。

2 新聞紙の中央をコップにかぶせます。

言葉かけ

> コップの上に新聞をかぶせて…

3 コップを包み込むように両手で押さえると、コップの形になります。

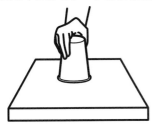

言葉かけ

> こうするとコップの形になります。

4 左手で新聞紙の上からコップをつかみ中を見せます。右手はコップを指差します。

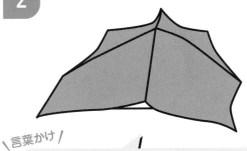

言葉かけ

> もちろん中にはコップがはいっています。

5 右手はそのままの位置で新聞紙を下向きにします。この時新聞紙の影で、コップを右手の中指、薬指、小指の3本の指の上に落とし、人差し指で押さえます。

6 右手はコップをはさんだまま新聞紙の右手前に移動し、角を親指と人差し指でつかみます。新聞紙にはコップの形があるので、見ている人はまだコップが入っていると思います。

この影にコップ

7 新聞紙をテーブルの上に持っていき、コップの形に膨らんでいる部分を2、3度上下させます。この動きに合わせて右手のコップでテーブルを叩きます。こうするとコンコンと音がするのでコップが膨らみの中にあるようにみえます。

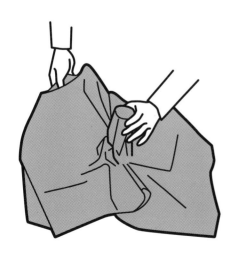

8 左手で膨らんでいる場所を叩き潰します。

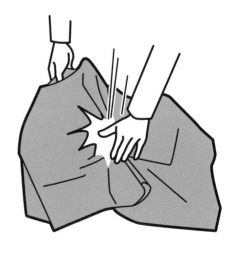

言葉かけ

間違いなくありますね。

言葉かけ

エイとたたくと…

110

9 新聞紙をよけて、テーブルに何も無いことを見せます。

言葉かけ

アレ！消えてしまいました。

10 コップを包み込むように新聞紙を丸めます。

11 新聞紙を破いてコップを取り出します。

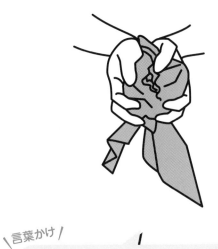

言葉かけ

コップはどこに行ったのかというと…

12

言葉かけ

こんなところにありました。

CHECK!

マジックは見ていても脳を活性化させるので認知症予防になるといわれています。
手品の展開や話のスピードは、高齢者の場合はやや遅くして、反応しやすいようにしましょう。
単にテクニックを見せるのではなく、楽しんでもらえることを大切にしてほしいと思います。
（老人介護監修／瀬戸 雅嗣）

（マジック監修）
さわ
沢 しんや

トランプやコインなど身近な素材を使ったクローズアップ・マジックから、人間が浮いたり、消えたりするといったイリュージョン・マジックまで幅広いレパートリーを持つ。NHKで手品教室を2年間に渡り放送。高齢者施設や病院などでのマジックショーやカルチャーセンターでの手品教室も開講している。

（老人介護監修）
せ と　まさし
瀬戸 雅嗣

社会福祉法人栄和会常務理事・総合施設長
昭和58年に日本社会事業大学社会福祉学部を卒業後、（株）福祉新聞社入社。全国の福祉現場を取材。平成6年に社会福祉法人栄和会（札幌市）に入職し生活相談員、介護支援専門員、施設長などを経て平成30年より現職。北海道老人福祉施設協議会会長など公職多数。

［ 企 画 ・ 編 集 ］　浅井 精一

［Ｄｅｓｉｇｎ・制作］　CD,AD:玉川 智子
　　　　　　　　　　　　D:里見 遥
　　　　　　　　　　　　D:渡辺 里織
　　　　　　　　　　　　I:松井 美樹

高齢者に喜ばれる
「マジック」レクリエーション　新装改訂版
楽しくかんたん! 現場で役立つネタ&実演のコツ
───────────────────────────
2023年6月30日　第1版・第1刷発行

マジック監修　沢しんや（さわ しんや）
老人介護監修　瀬戸雅嗣（せと まさし）
発　行　者　株式会社メイツユニバーサルコンテンツ
　　　　　　代表者　大羽孝志
　　　　　　〒102-0093 東京都千代田区平河町一丁目1-8
印　　　刷　シナノ印刷株式会社

◎『メイツ出版』は当社の商標です。

ご意見・ご感想はホームページから承っております。
ウェブサイト　https://www.mates-publishing.co.jp/

編集長：堀明研斗　企画担当：千代 寧

※本書は2019年発行の『高齢者に喜ばれる「マジック」レクリエーション 現場で使える手品ネタ&実演のコツ』を元に内容の確認、加筆・修正、書名・装丁を変更して新たに発行したものです。